Oración de Guerra en los Salmos

Lidia Zapico

Oración de Guerra en los Salmos

Lidia Zapico

Lidia Zapico

Nuestra Visión

Alcanzar las naciones llevando la autenticidad de la revelación de la Palabra de Dios, para incrementar la fe y el conocimiento de todos aquellos que lo anhelan fervientemente; esto, por medio de libros y materiales de audio y video.

Publicado por
JVH Publications
11830 Miramar Pwky
Miramar, Fl. 33025
Derechos reservados

© 2008 JVH Publications (Spanish edition)
Tercera edición Ampliada 2008
Todos los derechos reservados.
ISBN 1-59900-024-5

Reservados todos los derechos. Ninguna porción ni parte de esta obra se puede reproducir, ni guardar en un sistema de almacenamiento de información, ni transmitir en ninguna forma por ningún medio (electrónico, mecánico, de fotocopias, grabación, etc.) sin el permiso previo de los editores. La única excepción es en breves citas en reseñas impresas.

Citas bíblicas tomadas de la Santa Biblia, Revisión Reina Valera 1960
Edición y compaginación por: Esteban Zapico

Impreso en USA

LIDIA ZAPICO

ORACIÓN DE GUERRA EN LOS SALMOS

TERCERA EDICIÓN AMPLIADA

Lidia Zapico

Dedicatoria

Dedico este libro a todos los intercesores que en esta hora se levantan para orar por las almas perdidas, y que en esta hora son parte de la conquista de las naciones para el Rey de Reyes.

Mi deseo es que cada página leída sea de bendición para ti, para que tu fe crezca y tomes la autoridad que Dios ya te ha dado en Cristo Jesús.

Lidia Zapico

Agradecimientos

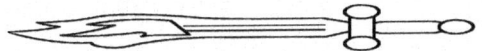

Agradezco al Espíritu Santo por ser mi ayuda y el secreto de mi fuerza.

A mi esposo José A. Zapico por su fiel corrección y por la oportunidad que Dios nos da del poder trabajar en el servicio del Señor, en unidad y entrega total.

Lidia Zapico

Índice

Capitulo 1
¿Por Qué Tengo que Conocer el Poder de Su Nombre en el Mundo Espiritual?

Capitulo 2
La Autoridad del Nombre de Jesús

Capitulo 3
¿Qué Quiere Hacer el Enemigo Contigo?

Capitulo 4
La Diferencia Entre un Ataque Espiritual y los Sentimientos

Capitulo 5
Oración de Guerra en los Salmos

Capitulo 6
Aprendiendo a Orar con los Salmos

Capitulo 7
Un Análisis del Salmo 74

Capitulo 8
Cómo Reclamar mi Ciudad para Cristo

Capitulo 9
Como Salir a Guerrear por la Ciudad

Capitulo 10
Proclamación a Favor de la Ciudad y de las Almas Cautivas

Bibliografía

Prólogo

Durante el transcurso de la vida, muchos son los diferentes sentimientos y estados emocionales que pasan por el alma. La mayoría de ellos se oponen a los planes de Dios en la vida del ser humano, volviéndose a la vez pequeñas cárceles dentro del corazón, que van frustrando y controlando, hasta llegar a un círculo de donde no se puede salir. Por no saber cómo tratar con estos sentimientos, a veces el hombre cae en fracasos irreversibles, impidiéndole llegar a la meta y al propósito que Dios ha establecido para su vida. En este libro se explica la diferencia entre la lucha del alma con los sentimientos y como discernir la lucha espiritual directamente del enemigo y el proceso de la prueba permitido por Dios.

El alma constantemente esta en batalla contra sus sentimientos y los pensamientos negativos. Si estos permanecen se convertirán en *"fortalezas"*. Si la persona toma dominio, conoce y logra derribar sus propias fortalezas saldrá victorioso de cada ataque, en cualquier situación.

En el capítulo 5, se especifica cómo operan estos sentimientos y cómo la persona puede liberarse de ellos. Casi todos los ejemplos están basados en los sentimientos del salmista y profeta David. Al tomar sus expresiones como modelo, cada lector se puede identificar no solo con las batallas emocionales que éste tuvo que enfrentar, sino de la manera gloriosa que alcanzo las victorias.

Este libro también, puede usarse como un manual práctico para orar y establecer la victoria sobre la familia, la iglesia y la ciudad donde se vive.

Aprenderás a conocer el poderoso nombre de Jesús y a no dejarte dominar por las situaciones en tus sentimientos internos, o los externos que son los de los demás, (aquellos que te quieren influenciar). Sentirás que tu fe se agiganta en la Palabra y descubrirás que los victoriosos tuvieron las mismas batallas que tu puedes atravesar, pero ellos supieron sobreponerse a los sentimientos y obtuvieron la victoria.

Conocerás que vivir creyendo la Palabra hace la diferencia entre los derrotados y los que alcanzan metas de grandes logros en Dios.

La Palabra fue escrita para que se hablara, se creyera y fuera establecida en cada situación de la vida.

Mi deseo es que al terminar este libro, seas uno más de aquellos que en esta hora se han enrolado en la lista de los ¡**vencedores**!

Recuerda: Orar la Palabra escrita estas declaran-do su voluntad. Orar la Palabra en voz alta estas estableciendo en el mundo espiritual su verdad. Orar la Palabra escrita es profetizar a las naciones. Orar la Palabra hace que el reino de las tinieblas tiemble y caigan los tronos de Satanás.

Lidia Zapico

1

¿Por Qué Tengo que Conocer el Poder de Su Nombre en el Mundo Espiritual?

Lidia Zapico

La Revelación de Su Glorioso Nombre

El más grande entre todos los nombres en el cielo, en la tierra y debajo de la tierra, es el nombre de Jesús. De este título se deriva "todo poder", lo que significa que es la máxima autoridad y que está por encima de toda potestad.

Por lo cual Dios también le exaltó hasta lo sumo, y le dio un nombre que es sobre todo nombre, para que en el nombre de Jesús se doble toda rodilla de los que están en los cielos, y en la tierra, y debajo de la tierra; y toda lengua confiese que Jesucristo es el Señor, para gloria de Dios Padre. Filipenses 2:9-11

No es suficiente oír la enseñanza sobre las características del nombre de Jesús, sino que se debe tener una genuina revelación de la "autoridad" que emana de su nombre, reconociéndola por convicción propia.

Al tener en la mente y en el corazón, tal convicción, tú estás exaltando su señorío. Mientras tanto los otros poderes de las tinieblas disminuyen; tanto en el área espiritual como física.

Es evidente que esta revelación viene directamente del Espíritu de Dios al espíritu del hombre, porque Él es el que revela toda verdad. Pablo recibió el testimonio de la autoridad que procede del nombre de Jesús, y así lo escribió en su carta a los Efesios:

...y cuál la supereminente grandeza de su poder para con nosotros los que creemos, según la operación del poder de su fuerza, la cual operó en Cristo, resucitándole de los muertos y sentándole a su diestra en los lugares celestiales, sobre todo principado y autoridad y poder y señorío, y sobre todo nombre que se nombra, no sólo en este siglo, sino también en el venidero... Efesios 1.19-21

Este pasaje habla por sí solo de su grandeza y autoridad. Sólo Jesús realizo una obra tan perfecta como es la salvación del hombre. El poder inherente y residente que hay en el nombre de Jesús, es el único que está por
encima de todo nombre, no sólo en el tiempo presente, sino estará eternamente y para siempre por toda la eternidad.

David conoció en la soledad a Dios, como el más poderoso y excelso sobre todo poder. En el Salmo

89:8 David describe el poder de Dios y su gran dominio sobre todo lo creado. Dice que su poder hirió a Rahab, (nombre alegórico del gran dragón). También que el Salmo 24:10 exalta su grandeza diciendo:

¿Quién es este Rey de gloria? Jehová de los ejércitos, Él es el Rey de la gloria.

La frase *"Rey de la gloria"*, describe su alto grado de reconocimiento en las tres esferas espirituales, el cielo (hasta el tercer cielo), la tierra (todo lo creado) y debajo de la tierra (el infierno, el abismo y sus potestades). Tanto en las huestes angelicales como en las huestes de maldad, Él tiene un título que lo destaca sobre todo nombre creado. Nadie obtuvo un rango más alto en la guerra espiritual que Él; su nombre es el grado de autoridad que posee.

Amado lector, recuerda: de la misma esencia de Jehová, se manifestó (cuando llego el tiempo escogido) [*Jeshúa*] que significa *"Jesús el Salvador"*; para que se manifestara visiblemente (de lo que no se veía pero que ya existía).

Y aquel Verbo fue hecho carne, y habitó entre nosotros (y vimos su gloria, gloria como del unigénito del Padre), lleno de gracia y de verdad. Juan 1:14

¡Es maravilloso reconocerlo! el poderoso nombre *Jehová de los Ejércitos* es similar al nombre de Jesús. Ahora opera con el mismo poder y autoridad de antes. A través del glorioso nombre de Jesús. El mismo apóstol Pablo escribe:

Por lo cual Dios también le exaltó hasta lo sumo, y le dio un nombre que es sobre todo nombre, para que en el nombre de Jesús se doble toda rodilla de los que están en los cielos, y en la tierra, y debajo de la tierra... Filipenses 2:9, 10

Jesús es el Mesías, el Ungido de Dios, el cual ahora es el general principal del ejército celestial en el mundo espiritual. Él es el supremo Comandante en Jefe. Jesucristo va al frente de los ejércitos celestiales y es el vencedor en esta batalla que se rige en los cielos:

Y los ejércitos celestiales, vestidos de lino finísimo, blanco y limpio, le seguían en caballos blancos. De su boca sale una espada aguda, para herir con ella a las naciones, y Él las regirá con vara de hierro y Él pisa el lagar del vino del furor y de la ira del Dios Todopoderoso. Y en su vestidura y en su muslo tiene escrito este nombre: REY DE REYES Y SEÑOR DE SEÑORES. Apocalipsis 19:14-16

Al creer en el poder que emana de su nombre tendrás una mayor:

- ➢ Revelación de su poder
- ➢ Capacidad de la grandeza de Dios
- ➢ Convicción de tener el carácter de Dios
- ➢ Posición de autoridad, tanto en el mundo físico como en el espiritual

Conociendo la Autoridad Máxima en el Mundo Espiritual

Nadie puede ostentar hacer guerra espiritual si no conoce en primer lugar:

1. La máxima autoridad que tiene el nombre de Jesús.
2. La autoridad que ha sido delegada en Cristo a la iglesia.
3. El poder del Espíritu Santo operando dentro del creyente.

Cuando leemos en el Antiguo Testamento acerca de *"Jehová de los Ejércitos"*, en realidad se está refiriendo a dos nombres: Jehová, el nombre por excelencia que revela su esencia, (el que existe en sí mismo), y el gran Yo Soy.

Cuando en la Biblia se menciona el nombre de Dios *"de los Ejércitos"*, se refiere al ejército de los escuadrones del cielo. Este nombre es el más poderoso, ya que revela la máxima soberanía en el mundo espiritual sobre todo.

Por eso el nombre *"Jehová de los Ejércitos"* es nombre de poder en el mundo espiritual. En el antiguo arameo, se describe JEHOVÁ SEBAOT, [tsaba'] en la raíz hebrea; significa simplemente *"huestes"* y se refiere específicamente a: un ejército, (organizado), de ángeles, del sol, la luna y las estrellas, de toda la creación. También significa: guerra, servicio e ir a la guerra.

Estas dos ideas van juntas en el uso corriente del título *Jehová* (Señor, servicio) *SEBAOT* (ejército organizado en medio de la batalla). Por tanto, el nombre de *Jehová* (YHVH) es la manifestación de su autoridad en la guerra espiritual. El ejemplo más convincente referente al hombre fuerte de los enemigos de Israel, que confrontó y desafió con soberbia al ejército de Dios, se encuentra en 1 Samuel 17:45:

Otra manera de explicar 1 Samuel 17:45, de forma parafraseada, sería: *Yo vengo a ti en el nombre del Señor Jehová, dueño de la casa del ejército organizado, dueño del ejército angelical, dueño del ejército del sol, la luna y las estrellas, dueño de la guerra y la batalla, el Elohim, el verdadero Dios del ejército y filas de Israel*

¿Quién puede resistirse al General Máximo del más poderoso ejército celestial? Goliat siempre quedara pequeño delante de *Jehová de los ejércitos.*

Entonces dijo David al filisteo: Tú vienes a mí con espada y lanza y jabalina; mas yo vengo a ti en el nombre de Jehová de los ejércitos, el Dios de los escuadrones de Israel, a quien tú has provocado.

El gigante Goliat vino con tres armas físicas (espada, lanza y jabalina), sin embargo, David vino con una sola (honda con piedra), acompañada con el poderoso nombre. Los demonios, potestades, principados y todo lo que se mueve en el mundo espiritual tiemblan: delante del poderoso

El Señor de los ejércitos es el ser más poderoso y el más grande nombre de guerra. Significa: **El Dueño y Poderoso Dios de la guerra espiritual, el más poderoso guerrero en el universo entero.** Aunque la lucha era física, detrás de ella, se movía la lucha espiritual en el campo de batalla. El gigante Goliat estaba respaldado por un principado territorial, que tenía atemorizados a los hijos de Israel.

Así es en el día de hoy cuando los hijos de Dios se enfrentan con los argumentos de los hijos rebeldes, o también con problemas financieros, otros con maldiciones de divorcios, pleitos familiares entre otros. Pocos son los que confrontan la situación correctamente porque no entienden lo que se mueve detrás de cada problema porque desconocen el cómo vencerlo.

Es bien importante que en cada victoria primeramente, la puedas visualizar en tu espíritu, restándole así poder al enemigo. La victoria la debes de ganar antes y tomarla por la fe. Debes de estar consciente que detrás de cada contienda, puede moverse un espíritu de falta de perdón, ira o frustración. Cuando se manifiestan constantemente los conflictos, debes de saber que detrás de estos están involucradas, maldiciones familiares, o maldiciones de hechicería, de enfermedades crónicas, maldiciones de ira, odio hasta maldiciones de divorcio. La lista puede ser más extensa.

No dejes de tener presente que para Dios no hay nada imposible, Jesucristo rompió toda maldición cuando murió en la cruz del calvario. (Para más información acerca de este tema le aconsejamos leer el libro de los autores José & Lidia Zapico. " *Detrás de la Iniquidad"*)

Recibiendo en el secreto de Dios su poder.

La fe de David no creció en el mismo momento cuando estuvo frente a Goliat. La comenzó a ejercitar en la soledad, cuando pastoreaba las ovejas de su padre. Allí aprendió a confiar en Dios y no en sus fuerzas físicas. El ataque de los lobos y leones lo ejercitó para las confrontaciones futuras.

Poco a poco David fue comprendiendo el significado *"del buen pastor"* por su experiencia personal, cuando Dios mismo lo libro de la boca del león y le dio fuerzas para desgarrarlo. También entendió el amor de El hacia las ovejas, ya que el mismo se exponía día a día a la muerte por causa de ellas. Aprendió a confiar, adorar y a conocer a Jehová en la soledad de la noche. En cada victoria sentía que Dios lo estaba cuidando.

En 1 Crónicas 11:9 dice: *Y David iba adelantando y creciendo, y Jehová de los ejércitos estaba con él.*

¡No dejes que el enemigo te sorprenda!
¿Sabes cómo tú puedes adelantártele y sorprenderlo como David lo hizo?, venciéndolo en la soledad con Dios; en *"el lugar secreto"*. Allí es en donde se derrota al enemigo. **En la soledad con Dios, está toda la instrucción divina necesaria para vencer.**

Pero si ellos hubieran estado en mi secreto, habrían hecho oír mis palabras a mi pueblo… Jeremías 23:22

¡Cuán necesario es estar en su lugar secreto!
Cuando llegues al frente de la batalla ya estará vencido tu Goliat.

Un corazón que conoce a Dios le adora en la intimidad y aprende a poner su confianza en la unción del poderoso Espíritu Santo. Por eso David cantaba y oraba: *unges mi cabeza con aceite, mi copa está rebozando. Salmo 23:5.*
Si la unción sobre la cabeza de David fue la que le dio las fuerzas para vencer al león físico, ¿cómo no recibiría la unción para vencer a su contrincante en la guerra?

Dios le permitió estar frente al gigante Goliat, porque ya estaba listo para vencerlo.

Recuerda: Antes de vencer a tus enemigos, Dios te capacitará (fuera de la escena) en el lugar secreto con Él.

Antes de vencer al gigante debes vencer tu propio león interior.

Tenemos de ejemplo a Sansón, (venció el joven león) aquel que se le atravesó en el camino, pero no pudo vencer su propio león interior (yo) llevándolo este, a la derrota; nada menos que por la mano de una mujer. Debes de tener claro que detrás de cada situación difícil que se te presenta en la vida, hay una activación espiritual. Si aprendes a vencer la batalla espiritual (la que no se ve) ganarás la batalla física (la que se ve).

Lidia Zapico

2

La Autoridad del Nombre de Jesús

Lidia Zapico

El Poder del Nombre en el Nuevo Testamento

Cuando Jesús comisionó a los setenta discípulos para proclamar la verdad del reino de Dios, ellos volvieron con gozo diciendo: *"Señor, aun los demonios se nos sujetan en* **tu nombre**", a lo cual Él les respondió: *"Yo veía a Satanás caer del cielo como un rayo"* Lucas 10:17-20

El apóstol Pedro fue uno de los apóstoles que experimentó ese poder.

Pedro y Juan subían juntos al templo a la hora novena, la de la oración. Y era traído un hombre cojo de nacimiento, a quien ponían cada día a la puerta del templo que se llama la Hermosa, para que pidiese limosna de los que entraban en el templo. Éste, cuando vio a Pedro y a Juan que iban a entrar en el templo, les rogaba que le diesen limosna. Pedro, con Juan, fijando en él los ojos, le dijo: Míranos. Entonces él les estuvo atento, esperando recibir de ellos algo. Mas Pedro dijo: No tengo plata ni oro, pero lo que tengo te doy; **en el** *nombre de Jesucristo de Nazaret, levántate y anda.* Hechos 3:1-6

Los discípulos tuvieron una revelación viva del poder del nombre de Jesús, en este caso fue utilizado para sanidad. Pedro y los apóstoles atribuyeron el don de sanidad a Jesús y a la declaración poderosa hecha en su nombre. Hablaron las palabras en el nombre de Jesús de acuerdo a la revelación que habían recibido, interviniendo el Señor inmediatamente en cada caso.

¿Qué Sucede Cuando Creemos e Invocamos Su Nombre?

1. Somos salvos.
2. Recibimos respuestas a nuestras oraciones.
3. Los enfermos son sanados.
4. Los demonios son echados fuera.
5. Las personas son liberadas.

Al leer el libro de los Hechos, te puedes dar cuenta cómo la iglesia tenía la revelación del nombre de Jesús y como consecutivamente lo utilizaba. Ese nombre fue conocido en toda región e hizo temblar el poder existente de Roma.

Vivimos en los últimos tiempos y debemos saber cómo enfrentarnos a las fuerzas de las tinieblas y alcanzar siempre la victoria en cada situación. Esto es posible por medio de la Palabra de Dios, la revelación de su nombre, tu buen testimonio y la manifestación del poder que hay en su sangre.

Antes de que Jesús ascendiera a los cielos, dio una declaración importante, declaro que los creyentes podían usar su nombre cada vez que oraran al Padre y Él mismo les concedería autoridad y las peticiones de sus corazones.

Confrontar el poder del diablo con la autoridad de su nombre, es desintegrar sus planes haciendo libres a los cautivos.
Esto enseña que cuando se ora en su nombre presenta todo lo que Jesús es y lo que ha realizado contrariamente a lo que nosotros somos o pudimos haber hecho.

Cuando oramos en el nombre de Jesús es como si Él mismo orara por nosotros quitando la presión. Porque su nombre toma el lugar de autoridad y el mismo nos respalda.

Hay poder en el Señor y en su nombre; y esto el diablo lo sabe muy bien, (mejor que muchos creyentes). Cuando este nombre es pronunciado por un creyente que ha recibido la revelación de lo que significa, el cielo entero presta atención; y el mismo infierno es sacudido. Sin duda el enemigo intentará, por todos los medios, que tú no utilices el nombre de Jesús en forma apropiada. Si lo utilizas correctamente y con entendimiento la Palabra y el nombre de Jesús tanto para orar como para reprender al enemigo, ¡siempre tendrás la victoria!

Después del Pentecostés, se les prohibió a los discípulos que hablaran en ese nombre. Los religiosos y los que odiaban a Jesús estaban temerosos del poder que se manifestaba por la autoridad que emanaba de su nombre.

En muchos lugares del mundo, hoy en día ocurre lo mismo (países musulmanes, escuelas, instituciones públicas, etc.) prohíben hablar acerca de Jesús. Es menester entender que el nombre de Jesucristo y la Palabra de Dios declarada, son armas eficaces e importantes con la cual se ataca al reino de las tinieblas. Es el único poder legal contra las fuerzas espirituales de las tinieblas.

¡Hay que ordenarle al enemigo en el nombre de Jesús que retroceda y se quite del medio! Se les debe hablar a las circunstancias, al monte, al problema, a los demonios, a las huestes de maldad y gobernadores de las tinieblas haciendo uso de la autoridad por el poder legal que se le ha sido concedido a la iglesia.

Lo mismo es cuando se ministra liberación, ordenándole a los espíritus inmundos salir en el nombre de Jesucristo. Así es en la guerra espiritual cuando se desplaza el control de Satanás sobre algo, para traer la manifestación del reino de Dios. Por eso es importante comprender la diferencia entre:

- Hablar con Dios (la oración)
- Alabar y Adorar
- Interceder
- Hacer guerra espiritual
- Hablarle directamente al problema.

En lo que respecta a Dios, le oramos; y en lo que respecta al enemigo, le ordenamos.

Los creyentes tienen derecho legal al poder del nombre de Jesús como resultado de su nuevo nacimiento; pero el utilizarlo con poder, se establece mediante una relación personal y continua con Dios.

Dice la Palabra de Dios en Apocalipsis 12:11: *Y ellos le han vencido por medio de la sangre del Cordero y de la palabra del testimonio de ellos.* Cada hijo de Dios debe entender la bendición que es la oración si la usa como arma. ¡Qué avivamiento vendría si miles pudieran usar esta poderosa arma para ser liberados de la influencia de los espíritus de incredulidad y apatía.

Dios está esperando por ti para que uses la oración apropiada, la cual cambiaran las situaciones más difíciles. Usa el nombre de Jesús sin temor contra los espíritus que trae opresión y todo aquello que se levanta contra la verdad de Dios.

No pierdas el tiempo en discusiones con personas que solo causan problemas; más bien debes atar a los espíritus que causan pleitos. Entonces te sorprenderás de ver cambios radicales.

El poder de las tinieblas innegablemente, gana terreno cada vez mayor, sobre los medios de comunicación, instituciones llamadas cristianas, empresas en el ámbito infantil y familiar para perpetuar sus malévolos planes contra la humanidad. Están atacando directamente las mentes débiles. Además muchos cristianos **fríos** han perdido la genuina autoridad espiritual.

En esta hora los genuinos hijos de Dios deben crecer en el discernimiento y poder espiritual

Dicho crecimiento se encuentra en la oración, escudriñando la Palabra de Dios, y la disciplina personal.

Esto hace que obtengas más conocimiento de cómo se mueve el mundo espiritual y cómo está organizado.

Fortaleciendo Nuestro "Hombre Interior"

Las causas más frecuentes por las cuales un cristiano se siente derrotado frente a las batallas espirituales son:

1. Ignorar cómo se mueve el mundo espiritual.
2. Temerle más al enemigo que a Dios.

No se posee más victoria espiritual porque se ignora cómo lograrla.

Esto se debe a que se repite más lo que se oye, que el tiempo que se saca para recibir directamente la revelación correcta del Espíritu de Dios. Necesitamos conocer tanto al vencedor como al vencido, para no andar como ciegos ignorando el mundo espiritual y cómo éste opera.

Conociendo el cuerpo espiritual

Para entender esto, debemos saber que, de la misma manera que tenemos un cuerpo físico dentro de nosotros, también tenemos el *"cuerpo espiritual"*. El apóstol Pablo se refiere a esto de la siguiente manera:

Se siembra cuerpo animal, resucitará cuerpo espiritual Hay cuerpo animal, y hay cuerpo espiritual. 1 Corintios 15.44

En muchas ocasiones la Palabra de Dios nos habla de este *"cuerpo espiritual"* que está dentro de nosotros. Cuando la Palabra de Dios dice: *"abrid los ojos de vuestro entendimiento"*, no se está refiriendo a los ojos físicos, sino a los ojos espirituales.

En el libro de Apocalipsis Jesús le dice a las siete iglesias lo siguiente: *"El que tiene oído, oiga lo que el Espíritu dice a las iglesias"*. Por supuesto que se está refiriendo a los oídos espirituales. Cuando Dios pide: *"dame hijo mío tu corazón"*, se refiere al **corazón espiritual**. La armadura del soldado es espiritual y real a la vez para que sea puesta sobre el *"hombre interior"*. Lo mismo sucede cuando se exhorta a vestirse en santidad. Así que hay que estar revestido totalmente y la palabra lo especifica de cómo hay que hacerlo (desde la cabeza hasta los pies). ¡Veámoslo!

- Vestirse del Señor Jesús (no alimentando al hombre interior con deseos naturales o carnales que batallan en contra del alma). *...sino vestíos del Señor Jesucristo, y no proveáis para los deseos de la carne. Romanos 13:14*

- Vestirlo como Dios lo ha creado; en justicia y santidad de la verdad. *(Efesios 4:24)*

- Vestidos por dentro, como escogidos de Dios santos y amados, de entrañable misericordia, de benig-nidad, humildad, mansedumbre y paciencia. *(Colosenses 3:12)*

- Vestirse de toda la armadura de Dios, para estar como un soldado listo a contrarrestar toda amenaza del enemigo y contraatacar. *"Por lo demás, hermanos míos, fortaleceos en el Señor, y en el poder de su fuerza. Vestíos de toda la armadura de Dios, para que podáis estar firmes contra las asechanzas del diablo." Efesios 6:10, 11*

Muchos ignoran cómo opera el mundo espiritual y por eso no son conscientes de este tan importante revestimiento que se debe hacer diariamente. Se debe añadir, el manto de poder, la cobertura del gozo y el carácter de Cristo que actúa dentro de cada uno, conforme a la voluntad delineada por Dios.

Viviendo Entre el Mundo Espiritual y el Natural

El hombre es cien por cien terrenal formado del polvo de la tierra. Dios lo creó del barro y luego soplo sobre él espíritu de vida dándole aliento al alma. Esto lo hizo ser tripartito: alma, cuerpo y espíritu, aunque en existencia es uno (como Dios). Su espíritu hace que se relacione al mundo espiritual. Mientras que a través de su cuerpo y sus cinco sentidos naturales se conecta con lo que ve (la materia existente).

Todos los seres humanos habitan en el mundo natural, ubicado en los distintos continentes que lo componen. Tu puedes interactuar y ver a las personas que están a tu alrededor, dialogar con ellas, conocerlas y "tocar" el mundo que te rodea.

Ahora bien, existe el mundo espiritual el cual no puedes ver con tus ojos físicos pero sí puedes sentirlo en tu espíritu y es aún más real que el mundo natural en que te mueves.

El Apóstol Pablo en la carta a los corintios establece la diferencia que existe entre ambos, o sea, entre lo natural y lo espiritual.

Y hay cuerpos celestiales, y cuerpos terrenales; pero una es la gloria de los celestiales, y otra la de los terrenales. 1 Corintios 15:40

Todo hombre y mujer tiene un cuerpo que vive en el mundo natural. Más a la vez, son seres espirituales con un alma y un espíritu. El ser humano está constituido por: cuerpo, alma y espíritu. El espíritu es la parte que se conecta con el mundo espiritual, ya sea con Dios o con los demonios, así como el cuerpo se conecta con lo natural.

La Palabra de Dios habla que dentro del mundo espiritual hay dos reinos los cuales son gobernados por diferentes autoridades. Esta "el reino de Dios", que es el reino de la luz en el cual Dios el Padre, le ha dado toda autoridad, (como hemos visto en el capítulo anterior) a su Hijo Jesucristo, el Salvador del mundo, Rey de reyes y Señor de señores.

El reino de Dios fue enseñado por Jesucristo a sus discípulos para ser establecidos en el corazón de todos los redimido por Él. Al recibir el perdón de pecados (por la sangre de Cristo) el ser humano es trasladado del reino de las tinieblas al reino de su Hijo amado. Esta operación recibida por fe, lo hace formar parte de la gran familia de Dios.

... el cual nos ha librado de la potestad de las tinieblas, y trasladado al reino de su amado Hijo, Colosenses 1:13

Jesús dijo: *Mi reino no es de este mundo.* (Juan 18:36). Su reino es desde la eternidad a la eternidad, no tiene límites, lo abarca todo. La capital del reino de Dios es Jerusalén, la ciudad santa del gran Rey.

Opuesto a esto es el reino de las tinieblas en el cual rige y gobierna la serpiente voladora o dragón en los aires; el dios de este siglo o el príncipe de este mundo en la tierra; leviatán (el espíritu de la vanidad y el orgullo) en los mares (que representa la muchedumbre de la humanidad) y el príncipe Belcebú o príncipe de los demonios en el infierno.

El hombre no nacido de nuevo no entiende las cosas espirituales; vive bajo la naturaleza del alma natural y sus sentidos espirituales están dormidos.

Sin embargo, el creyente siente una constante batalla dentro del alma porque el mundo espiritual comienza a lidiar contra sus sentimientos. Una vez que sus ojos espirituales le son abiertos, comprende esta batalla y es consciente de su posición y victoria que obtiene en Cristo, dejando de ser vencido por el pecado, para pasar a una posición de vencedor. Esto ocurre tanto en su mente como en los sentimientos y aprende a llevar una vida cristiana por la fe, creyendo quién es en Cristo por la Palabra.

Conociendo el Mundo Espiritual

Comparemos lo que se ve con lo que no se ve:
El centro de la tierra está lleno de fuego, en el ámbito espiritual existe (en el mismo lugar) lo que la Biblia llama el infierno.

Esto nos muestra que el mundo espiritual no está tan lejos como algunos creen o se lo imaginan. El mundo espiritual se mueve alrededor de nosotros (así como nuestro *hombre interior* está dentro de nosotros). Esto explica lo que la Palabra de Dios dice: *Por la fe entendemos haber sido constituido el universo por la palabra de Dios, de modo que lo que se ve fue hecho de lo que no se veía. Hebreos 11:13*

Es decir, primero existió lo que no vemos (el mundo espiritual) y de este, Dios creó el que por los ojos naturales se ve; ambos son de la misma forma reales.

Hoy por hoy se debe de estar bien entendido de las cosas espirituales, para discernir todo aquello que Dios quisiera revelar. Aunque en la Palabra de Dios está escrito, que lo natural se originó de lo espiritual, aún no todas las cosas espirituales han sido reveladas totalmente.
Por eso dice la Palabra: *Las cosas secretas pertenecen a Jehová nuestro Dios; mas las reveladas son para nosotros y para nuestros hijos para siempre... Deuteronomio 29:29*

¿Simbología o realidad?

Cuando la Biblia se refiere a: jinetes, carros, caballos, ángeles, arcángeles, querubines, serafines, demonios, al hombre fuerte, dioses, ángeles caídos, principados, potestades, al dragón, la serpiente voladora, la serpiente antigua, espíritus en forma de ranas, seres como langostas, la ciudad celestial, el fuego, tronos, ancianos, seres vivientes, sellos, copas, trompetas, y un sin fin de cosas, tienes que creer que son reales así se manifiestan y todos ellos son parte del mundo espiritual.

En muchas ocasiones Dios ha dado a conocer este mundo espiritual, a través de sueños y visiones. No todos aceptan ni creen lo sobrenatural. Algunos teólogos interpretan que los seres en las visiones del Apocalipsis son mero *"símbolos"* ya que no encuentran razón lógica para tales criaturas; sin embargo la realidad es otra, y es que estas criaturas son reales y existen en el mundo espiritual.

No solo existe el fuego de Dios, el fuego de juicio sino que además Dios mismo es *fuego consumidor*.

También se encuentran tronos, ancianos, trompetas, copas, mesas y aún algo más glorioso, que son las moradas para los santos, con jardines y un mar calmado como si fuera un cristal.
Así como es real la Jerusalén en el Medio Oriente, tanto más real y estable es la verdadera, que es establecida desde el principio hasta por los siglos de los siglos, llamada la ciudad del Gran Rey, *"la Jerusalén Celestial"*.

Para afirmar esto leamos lo que dice el autor de los hebreos:

Porque no os habéis acercado al monte que se podía palpar, y que ardía en fuego, a la oscuridad, a las tinieblas y a la tempestad, al sonido de la trompeta, y a la voz que hablaba, la cual los que la oyeron rogaron que no se les hablase más, porque no podían soportar lo que se ordenaba: Si aún una bestia tocare el monte, será apedreada, o pasada con dardo; y tan terrible era lo que se veía, que Moisés dijo: Estoy espantado y temblando; sino que os habéis acercado al monte de Sión, a la ciudad del Dios vivo, Jerusalén la Celestial, a la compañía de muchos millares de ángeles, a la congregación de los primogénitos que están inscritos en los cielos, a Dios el Juez de todos, a los espíritus de los justos hechos perfectos, a Jesús el Mediador del nuevo pacto, y a la sangre rociada que habla mejor que la de Abel. Hebreos 12:18-24

¡Tu espíritu debe regocijarse al leer esto! En cada promesa escrita en la Palabra de Dios, se nos declara que es imposible acercarnos a Él sin fe. ¡Cree en la palabra totalmente como está escrita y serás sabio!

¿Qué Autoridad me ha Sido Dada en Cristo?

Adán recibió esa autoridad para cuidar y defender "el huerto". Vemos que Adán no supo cómo hacerlo. En el día de hoy, aunque Cristo, el último Adán, ha restaurado esa autoridad, son muy pocos los que la han recuperado y la usan. El hombre machista sabe acerca de "alzar la voz y golpear" o tener "autoridad por la fuerza", pero esa no es la verdadera autoridad que Dios le otorgó a Adán.

Todo padre de familia debe conocer su autoridad, la cual Dios le ha otorgado, para cuidar y defender su territorio, que es su hogar. La autoridad espiritual delegada al hombre es para proteger su *"huerto"*, el cual consiste de su esposa, hijos, economía y vida espiritual. Esa autoridad es para protegerlos de todo ataque del enemigo, que viene a dañar su propiedad.

Si eso se comprendiera mejor, no habría tantos divorcios e hijos abandonados, traumatizados por crecer sin tener una verdadera imagen varonil. Por el contrario, tampoco habría tantas mujeres obligadas a tomar el rol del hombre, educando y sacando sus hijos adelante.

Es hora de que cada varón tome la autoridad de la Palabra, para cuidar su huerto y le diga al enemigo, en el nombre de Jesús, que deje su territorio.

Dios te ha dado autoridad por medio de su Hijo Jesús. Él venció las potestades del mal en la cruz del Calvario. El que conoce la autoridad que Dios le ha dado, actúa bajo esa autoridad.

Jesús mismo enseñó el secreto de esta autoridad cuando dijo:

Mirad, velad y orad; porque no sabéis cuándo será el tiempo. Es como el hombre que yéndose lejos, dejó su casa, y dio autoridad a sus siervos, y a cada uno su obra, y al portero mandó que velase." Marcos 13:33, 34

Aspectos Importantes de la Autoridad:

- El Señor nos ha dado autoridad para que proyectemos su reino.
- Para tener autoridad, se debe estar bajo autoridad.
- El enemigo tiene que retroceder cuando sabe que conocemos la Palabra y le hacemos frente en el nombre de Jesús.
- No seas descuidados ni pasivo ante las situaciones que afectan a tus hijos. Hay que vigilar quiénes son sus amistades y qué influencia negativa éstos le pueden traer.

- La oración constante llena de fe cambia las situaciones más difíciles incrementando nuestra autoridad en el mundo espiritual.
- El enemigo está bajo tus pies cuando se camina conforme a la Palabra de Dios y mantienes un testimonio limpio.
- El enemigo sabe quien tiene la autoridad de Dios.
- Si tienes puertas abiertas al pecado, Satanás lo sabe. Eso te restara autoridad y tarde o temprano te atacara en la área más vulnerable

En conclusión, conocer el mundo espiritual y tener revelación del nombre poderoso de Jesucristo te hará vivir seguro para que cada diseño de Dios se pueda hacer una realidad en tu vida. Puedes proclamar con toda convicción y certeza que Jesucristo es nombre sin igual y delante de ti no habrá demonio que se resista.

Lidia Zapico

3

¿Qué Quiere Hacer el Enemigo Contigo?

Lidia Zapico

La mayoría de los Salmos fueron escritos por el rey David. A través de ellos se refleja las etapas emocionales que su alma tuvo que atravesar. También revelan unas series de confrontaciones que tuvo que pasar directamente con sus enemigos. Una de ellas muy marcada fue la de su suegro, el rey Saúl. Este procuro constantemente matarlo.

A pesar de todas sus pruebas David fue escogido y ungido por Dios para reinar con propósito divino y especialmente para poner en alto el nombre de Jehová sobre la nación de Israel.

Esto muestra que Dios no escoge líderes perfectos para realizar sus planes. Su gran deleite es encontrar hombres con corazón enseñable, para así El depositar su unción, eso les ayudara a depender totalmente de Él y no de sus habilidades.

La gloria del nombre de Jehová, tenía que ser acrecentada, (el pueblo estaba pasando por una gran transición ya que en ese tiempo el ejército de Israel estaba debilitado y sin fuerzas).

David había sido escogido por Dios mismo, para representar el trono de Dios y la extensión futura del reinando Mesiánico. Así como restaurar el tabernáculo de Moisés juntamente con su sacerdocio caído. Para lograr esta restauración física y espiritual de la nación, David tuvo que enfrentarse a sus enemigos dentro y fuera de la casa.

Muchas fueron las veces en la cual David se sintió bajo presiones emocionales. Todas ellas fueron expresadas en sus cánticos. Esto enseña cómo operan bajo la presión de las emociones, dentro del ser humano y cómo algunas de ellas en específico, pueden aprisionar el alma.

Hoy en día cada hijo de Dios (especialmente aquellos que han recibido el Espíritu Santo) también se encuentran en confrontación directa contra la maldad.

Observamos a través de los Salmos de David que:

- Peleó con enemigos reales y espirituales.

- Fue preso de sus propios sentimientos que continuamente estaban acechando contra su alma.
- Reconoció que Dios estaba en control de todas las situaciones difíciles que estaba atravesando.

Muchas expresiones verbales que se utilizan a veces sin estar conscientes de lo que se dice, muestran el estado emocional presente del alma. En el presente sucede lo mismo. Se oyen frecuentemente frases tales como: estoy hecho polvo; me siento acabado; estoy acorralado; y otra, estoy molido. Cada una de estas expresiones revela el estado emocional del alma. Consideremos cómo el enemigo te quiere ver y hacerte sentir:

- Aplastado
- Sin fuerzas
- Hecho polvo
- Acabado

¡Ten cuidado!

Si se confiesa esto en voz alta, muy pronto el enemigo ganará ventaja sobre la mente y al momento todo el cuerpo se sentirá tal como se ha confesado con los labios.

En vez de tomar esta actitud, se debe tomar una posición de victoria y proclamar por la Palabra de Dios, **todo lo contrario a como nos sentimos. Toma siempre el lugar de vencedor y no de vencido.**

¡Recuerda! si el enemigo logra vencerte en el área emocional tomará ventaja rápidamente de ti en todas las demás áreas. Si hablas palabras negativas por tu boca, tú mismo te estarás maldiciendo.

Los grandes fracasos espirituales siempre se inician en el área de las emociones.

¿Cuántas batallas has perdido por estar aprisionado por el temor y la indecisión?
Estas emociones que batallan contra ti o, son como barreras de hierro que te impiden los cambios y la prosperidad. El temor especialmente, fortalece las aéreas débiles de la duda, incertidumbre, incredulidad, paralizando no solo tu mente sino el desenvolvimiento para realizar las cosas. Estos te han detenido, a pasar a nuevos niveles espirituales, hacer cambios positivos, como sentirte realizado y feliz. Estas áreas cautivas pueden oprimirte, por tal razón tienes que vencerlas; en el nombre de Jesús para lograr los planes establecidos por Dios en tu vida.

El cristiano no se mueve por los sentimientos, ni por lo que ven sus ojos naturales. Se mueve por fe y para fe, alcanzando cada día sus más grandes logros.

Detrás de cada estado emocional, se mueve la opresión del enemigo. Analicemos la guerra y las opresiones del enemigo que el alma confronta y la victoria que se obtiene a través de la fe y la confianza en la Palabra de Dios.

¿Qué Quiere Hacer el Enemigo Contigo?

Muchas expresiones verbales que se utilizan a veces sin estar conscientes de lo que se dice, muestran el estado emocional presente del alma. Este análisis te mostrará cómo ésta se siente bajo las opresiones provenientes de la esfera de maldad del mundo espiritual. En los Salmos se encuentran expresiones nunca imaginadas, que te ayudarán a entender cómo los sentimientos naturales pueden producir ataduras. Muchos de estos textos serán la base para usarlos en contra del enemigo.

El salmista utiliza expresiones en sus poesías, cánticos y oraciones que revelan cómo la presión del enemigo afecta el área emocional.

Veamos los diferentes textos dentro de los Salmos que expresan el sentir del alma. Esto ayudara a comparar mejor, las tuyas propias.

➤ **Se quiere levantar en guerra.**

Aunque un ejército acampe contra mí, no temerá mi corazón; aunque contra mí se levante guerra, yo estaré confiado. Salmo 27:3

Tú debes estar consciente que el enemigo, Satanás, es real Y él devora las almas de hombres y mujeres sobre todo el planeta tierra. Esto lo ha estado haciendo por miles de años. El odia a las criaturas de Dios, por eso planifica día y noche su destrucción. Es el jefe del terror, trabaja suciamente y su objetivo es acabar con la fe y si le fuera posible con la salvación del propio creyente.

El mundo espiritual existe y está a poca distancia de ti; por lo que un ejército espiritual maligno pudiera acampar contra tu ser ahora mismo. **Hay algo que tienes de tu lado y es la fe que ha vencido al mundo, la certeza de lo que no se ve.** Certeza en lo sólido y verdadero que son las promesas que están establecidas en la Palabra de Dios. Es muy importante conocerlas, para poderlas aplicar en el momento oportuno.

De la misma manera que está escrito el salmista se sintió rodeado, literalmente por un ejército contrario, que aunque no lo veía con sus propios ojos naturales, los podía sentir cerca de él.

Esta batalla existe constantemente, pero el amor de Dios hacia nosotros es tan grande que siendo criaturas de más bajo rango (frente al poder demoníaco) el Hijo de Dios se hizo humano, para darnos la cobertura suficiente (su sangre) para protegernos y nos dejo las armas poderosas para defendernos.

Sólo nuestra fe en Él es suficiente para ganar a un enemigo superior a nosotros.

Muchas veces se sintió rodeado por un ejército entero con miles de enemigos, pero eso no lo pudo atemorizar, la confianza y la fe en Dios echó fuera el temor.

➤ Te quiere rodear

Levantará mi cabeza sobre todos los enemigos que me rodean. Salmos 27:6

No se deben temer a las tácticas y amenazas. Nunca debemos permitirle a nuestro corazón que se asuste y se llene de temor por el acoso del enemigo.

Someteos, pues a Dios; resistid al diablo, y huirá de vosotros. Santiago 4:7

La fe en la Palabra es el baluarte y estandarte que te mantendrá firme en el tiempo de la prueba. Ella es como un músculo del cuerpo, si se ejercita día tras día se fortalecerá más y más. Tú puedes hablarle a tu alma y animarla como lo hizo el salmista;

¿Por qué te abates, oh alma mía, y te turbas dentro de mí? Espera en Dios; porque aún he de alabarle, salvación mía y Dios mío. Salmo 42:5

Es muy efectivo a prender de memoria los textos claves para hablarlos en el momento indicado.

> ➤ **Te quiere perseguir**

Muchas veces puedes sentir una persecución espiritual persistente, esta intenta llevarte a un agotamiento espiritual. Esta presión espiritual se irá acrecentando a medida que los "días malos" se acrecienten sobre la tierra. **Habrá momentos que tendrás que guerrear y otros descansaras en el Señor.**

En el Salmo 69:26 dice: *Porque persiguieron al que tú heriste.* En este versículo se está refiriendo a

Jesucristo. (De la misma manera que se lo hicieron a Él, en un futuro se realizará contra sus santos, en la tierra).

Porque ha perseguido el enemigo mi alma; ha postrado en tierra mi vida; me ha hecho habitar en tinieblas como los ya muertos. Salmo 143:3

La persecución del enemigo hacia el fiel creyente tiene un fin y es llegar al punto de debilitarlo por medio del agotamiento espiritual.

> ➤ **Te quiere debilitar**

Estoy debilitado y molido en gran manera; gimo a causa de la conmoción de mi corazón. Salmo 38:8

El enemigo no sólo persigue, sino que quiere debilitar. A veces lo puede lograr si el creyente es débil y no mantiene una vida de oración. Es por esto que la oración diaria y ferviente es un antídoto contra la debilidad espiritual.

…ha debilitado mis fuerzas; me ha entregado el Señor en manos contra las cuales no podré levantarme. Lamentaciones 1:14

El profeta Jeremías se sentía sin fuerzas, debilitado similar a la expresión: "me siento molido". Este término se puede comparar a sentirse aplanado por una máquina de miles de toneladas de peso. Todos estos ataques depresivos, comienzan en la mente para luego reflejarse en el cuerpo físico; algo así como la similitud de lo que sucede en el mundo espiritual; se forma en el ámbito espiritual y luego se refleja en el mundo natural.

El arma poderosa para vencer estos sentimientos está en el alabar al Señor y cantar cánticos de victoria. Esto trae frescura y recupera rápidamente las fuerzas necesarias para continuar hacia adelante.

Muchos individuos se debilitan en su hombre interior, al llevar una vida de pecado. Eso abrió puertas para que la serpiente se colara y los picara. Si desea saber más acerca de este tema, lea el libro *"Descubriendo a Belial en la Congregación de los Santos"* por los autores José & Lidia Zapico. (Ahí encontrará información acerca de como atacan en la noche los espíritus de maldición trayendo sueños eróticos, quitando así la energía).

➢ **Te quiere enfermar**

El resultado de los ataques hacia la mente (si no son detenidos y ministrados a tiempo) puede manifestarse al cuerpo físico trayendo tensión que ocasionará, enfermedades. Unas de las tantas que podríamos mencionar son: dolores en los huesos, úlceras, diabetes, presión en el corazón, estrés, depresión etc.

Así lo expresaba el salmista:

Ten misericordia de mí, oh Jehová, porque estoy enfermo; sáname, oh Jehová, porque mis huesos se estremecen. Salmo 6:2

Antes de que Jesús llegara a la cruz, en el mundo espiritual, se realizó la obra sanadora. Anteriormente de suceder, fue profetizado.
Cuando Jesús estaba en la cruz dijo: *Acabada está la obra...* (Juan 19:3). ¿Cuál obra? La obra redentora era acabada. La obra que fue profetizada, se concluyó cuando Jesús murió en la cruz.

Mas él herido fue por nuestras rebeliones, molido por nuestros pecados; el castigo de nuestra paz fue sobre él, y por su llaga fuimos nosotros curados. Isaías 53:5

Con su muerte, Jesús clausuró (liquidó) toda imposibilidad para el hombre tanto en su cuerpo como en su interior. Cada persona afectada por una enfermedad a veces no suelen recibir liberación total, porque en su corazón guarda rencor, falta de perdón, pecados ocultos, duda, mientras que algunas veces cree, que la enfermedad viene de parte de Dios.

Recuerda, las cosas primero se realizan en lo espiritual y luego se manifiestan a la luz en lo natural sin limitaciones de tiempo.

> ➢ **Cavar hoyo y red para hacerte caer**

Ésta es una táctica de guerra muy antigua; el salmista lo expone como una de las tantas trampas que prepara el enemigo para que el alma caiga en *"el hoyo de la desesperación"* para capturarla de modo que quede prisionera.

Estas trampas pueden ser tentaciones como flechazos que golpean dentro de la mente. Si no se sabe cómo vencer la tentación, hay posibilidad de caer en la trampa y una vez capturada el alma (o parte de ella) queda prisionera dentro de un hoyo de oscuridad. Por eso, muchos cristianos (a pesar de que asisten a la iglesia regularmente) siguen practicando pecados ocultos y eso les impide tener una vida victoriosa y servir al Señor a plenitud. Se pueden congregar, pero no tienen un crecimiento espiritual como debería ser. Si esas áreas ocultas no son ministradas a tiempo, se corre el riesgo de que el enemigo tome cada día más ventaja y que el destino que Dios había preparado para esa persona, no se logre.

Cada uno tiene que encontrar su propósito. Dios te muestra el principio y el final, pero no lo que sucede durante ese lapso de tiempo; solo tienes que creer que Dios cumplirá su propósito en ti.

Porque sin causa escondieron para mí su red en un hoyo; sin causa cavaron hoyo para mi alma. Salmos 35:7

➢ Te quiere deprimir

La depresión y el estrés es uno de los problemas emocionales más frecuentes actualmente. Lo que sentía el salmista David en los tiempos antiguos, en el presente se relaciona al estado emocional de muchos. Miles de personas caen espiritualmente presas en pozos oscuros y no saben cómo salir de ellos.

Una de las tantas manifestaciones de la depresión es el insomnio. Al no descansar por las noches, se ocasiona el estrés del cuerpo, la irritación, el descontrol del sistema nervioso y mucho más. El Salmista pasó por ese proceso de desvelo por eso escribió lo siguiente: *Al Señor busqué en el día de mi angustia; alzaba a él mis manos de noche, sin descanso; mi alma rehusaba consuelo. Me acordaba de Dios, y me conmovía; me quejaba, y desmayaba mi espíritu. Selah No me dejabas pegar los ojos; estaba yo quebrantado, y no hablaba. Salmo 77:2-4*

> ➢ **Se quiere levantar contra ti con furia**

El enemigo se levanta en contra del alma con furia cada vez que se alcanzan cambios y logros espirituales. *Señor, ¿hasta cuándo verás esto? Rescata mi alma de sus destrucciones, mi vida de los leones. Salmos 35:17*

El salmista estuvo en esos momentos difíciles cuando era perseguido por el adversario. En esta situación David le suplica a Dios que se levante poderosamente en contra de esta persecución, la cual era por causa del llamado y la unción derramada sobre su vida. Satanás odia la unción porque es la misma presencia de Dios. El fuego del Espíritu que lo quema.

Siempre tendrás que reprender el espíritu de venganza ya que con furia se levanta contra los hijos de Dios. En el libro de Jeremías se habla específicamente de tres de estos espíritus de venganza.

*Por tanto, el **león de la selva** los matará, los destruirá el **lobo del desierto**, el **leopardo** acechará sus ciudades... Jeremías 5:6*

En este caso los espíritus de venganza fueron enviados de parte de Jehová; por causa del pecado y la desobediencia de Israel. Cuando sientes que tus finanzas están siendo saqueadas y la furia de Satanás toca partes de tu vida ya sea espiritual o física, analiza si has abierto alguna puerta de pecado, porque los espíritus de furia entran y atacan cuando hay puertas abiertas.

El espíritu de venganza no solo te ataca cuando tienes una puerta abierta, sino que también te atacará cuando logres una gran victoria en tu vida. Eso lo hará para tratar de robarte la bendición que acabas de recibir. Cuando sabes que tu vida está en obediencia y santidad con Dios y el espíritu de venganza te asalte, repréndelo en el nombre poderoso de Jesús. Tendrá que huir y la bendición de Dios, seguirá creciendo en tu vida.

Levántate, oh Jehová, en tu ira; álzate en contra de la furia de mis angustiadores, y despierta en favor mío el juicio que mandaste. Salmos 7:6

➤ **Te quiere llevar a contender**

La contienda es una táctica vieja de parte del diablo. Es enviada para causar división. Si el logra dividir a los creyente, sabe que estos pierden poder.

La unidad es una clave espiritual para la victoria efectiva.

Echa fuera al escarnecedor, y saldrá la contienda, Y cesará el pleito y la afrenta. Proverbios 22:10

Detrás de cada contienda está la perversidad que conlleva a los malos entendidos. Esta herida sentimental envuelve al alma y causa división aun entre los buenos amigos. Detrás de cada conflicto, hay una estrategia para debilitar a los creyentes y el enemigo es conocedor de cada una de ellas. Cada individuo que pelea la buena batalla de la fe tiene que cuidar sus pensamientos atentamente. Las heridas producidas por los chismes tarde o temprano abren puertas para que el enemigo logre levantar una fortaleza de amargura.

➢ Te quiere despojar

Todos mis huesos dirán: Jehová, ¿quién como tú, que libras al afligido del más fuerte que él, y al pobre y menesteroso del que le despoja? Salmos 35:10

En tiempos antiguos, saquear las pertenencias del enemigo después de ganar la batalla era la recompensa por la victoria. Al tomar la ciudad y vencer al enemigo se adquiría como premio el botín de todo como: escudos de bronce, espadas, ropas finas, oro, plata y todo aquello que era de valor.

Tenemos dos opciones solamente en esta batalla por la fe: o nos despojan, o los despojamos.

Cada vez que alguien cae en la trampa o en la tentación, parte del alma cae prisionera en manos del enemigo. Poco a poco le va despojando de las bendiciones que le pertenecen, perdiendo las riquezas espirituales.

Recordemos que el enemigo del alma es ladrón por excelencia y su propósito es, robar y matar.

En algunos, el enemigo logro despojarlos de:

- Felicidad y gozo
- Su salud física
- Abundancia económica
- sus sueños y metas anheladas

Esto se asemeja a la enseñanza de Jesús acerca del hombre fuerte. Jesucristo mismo enseñó a atar al hombre fuerte primero y luego despojarlo. ¿Qué se podrá realmente quitarle al enemigo? ¿Lo que te ha robado?

Todo lo que tiene Satanás es porque lo ha robado y algunas cosas te pertenecen a ti. ¡Por favor, no te dejes robar más!

Analiza tu vida para conocer en qué área has sido despojado, para volverlas a recuperar. Tú has sido llamado a derrotar a tu enemigo y despojarlo en el nombre de Jesús.

> ### Te quiere llenar de temor

No dejes que el temor domine tu vida. *En el amor no hay temor, sino que el perfecto amor echa fuera el temor... 1 Juan 4:18*

Nunca hagas más grande al enemigo de lo que es. Si Dios está con nosotros, ¿quién en contra?

El temor reina cuando no hay conocimiento de la Palabra de Dios, e ignoras quien eres en Cristo.

En Dios solamente está acallada mi alma; de él viene mi salvación. Salmo 62:1

Mientras no seas libre de la fortaleza del temor no serás libre de la confusión y la afrenta.

> ➤ **Te quiere llenar de oprobio y confusión**

Tú sabes mi afrenta, mi confusión y mi oprobio; delante de ti están todos mis adversarios. Salmos 69:19

No hay algo más deprimente que ver creyentes que están confundidos y que no saben cuál es su posición victoriosa en Cristo. Viven amargados y confundidos en sus sentimientos y temores. El enemigo los ha aprisionado en cadenas de vergüenza; son escarnecidos, humillados y expuestos al oprobio.

Vivir bajo esa opresión no deja encontrar la solución para salir del estado en que se encuentra. Lamentablemente, también en nuestros días, existe un evangelio ritualista religioso, donde las almas entran y salen de los templos, sin recibir la ministración directa del Espíritu de Dios que los pueda liberar de sus opresiones y cargas. En esta hora la iglesia tiene que ofrecer al individuo la solución a sus problemas y la libertad de sus cadenas espirituales; si no es así, no está cumpliendo con la gran comisión que le fue concedida.

Jesucristo vino a liberar a los cautivos y éstas son las buenas nuevas del evangelio. Dentro del sistema ministerial, muchos se oponen a las manifestaciones del Espíritu porque dicen que son emocionales y distorsionan la actividad metódica de los servicios. Hagamos una pregunta importante para responder: ¿Quién ministrará el alma para librarla de su oprobio? Sólo el poder de Dios puede ministrar lo más profundo del corazón del hombre. Pero el Señor necesita un cuerpo, el cual es su iglesia, con manos, pies, boca y un corazón compasivo, para manifestarse. ¡Te necesita a ti!

➢ **Te quiere destruir.**

Y por tu misericordia disiparás a mis enemigos, y destruirás a todos los adversarios de mi alma, porque yo soy tu siervo. Salmo 143:12

Aunque el enemigo quiera destruirte, Dios: se encargara **de destruir** a todos los adversarios de tu alma. Dice el salmo que **destruirá** a los que hablan mentira.

Destruirás a los que hablan mentira; al hombre sanguinario y engañador abominará Jehová. Salmo 5:6

El Señor siempre saldrá a tu encuentro para defenderte.

> ➤ **Cruje sus dientes contra ti.**

Esta expresión parece casi imposible pero es muy real, ya que Satanás odia a los escogidos de Dios y le cruje los dientes, en contra de los que logran vivir en victoria. Él desprecia a los hijos de Dios que son fieles y guardan los mandamientos.

Como lisonjeros, escarnecedores y truhanes, crujieron contra mí sus dientes. Salmos 35:16

El hecho de **crujir los dientes** es una expresión de odio y rabia, especialmente por no lograr sus propósitos en contra de los escogidos.

> ➤ **Está como león rugiente para devorar**

Abrieron sobre mí su boca como león rapaz y rugiente. Salmo 22:13

La sensación del salmista David era como si tuviera un león por la espalda, listo para atacar y matar. De esa manera se manifiesta el león, llega sin avisar cuando nadie se lo imagina. Este Salmo profético se refiere a cómo se sentía el alma de Jesús en los momentos difíciles antes de morir. El diablo es considerado como el adversario del alma; así como el león rugiente anda alrededor buscando a quién devorar.

A veces, tú sientes que hay leones que están listos para atacarte. *Señor, ¿hasta cuándo verás esto? Rescata mi alma de sus destrucciones, mi vida de los leones. Salmos 35:17*

Jesucristo habló de que Satanás venia para robar, matar, y destruir, es un gran imitador. Mientras que Él es el león de la tribu de Judá.

No sea que desgarren mi alma cual león, y me destrocen sin que haya quién me libre. Salmos 7:2

No digan en su corazón: ¡Ea, alma nuestra! No digan: ¡Le hemos devorado! Salmos 35:25

Aunque tenemos un enemigo contra nosotros como devastador, el Señor envía su ángel para proteger a sus hijos. Daniel, siervo de Dios fiel y verdadero, pudo experimentar físicamente esta protección.

Mi Dios envió su ángel, el cual cerró la boca de los leones, para que no me hiciesen daño, porque ante él fui hallado inocente; y aún delante de ti, oh rey, yo no he hecho nada malo. Daniel 6:22

En toda batalla espiritual, si estamos cubiertos con su sangre y nos mantenemos fieles al Señor, Él ha prometido estar con nosotros y guardarnos de todo mal.

¿Puede Uno Mismo Ministrarse Liberación en Caso de Estar Bajo el Ataque del Enemigo?

Desde la angustia invoqué a JAH, y me respondió JAH, poniéndome en lugar espacioso. Salmo 118:5

El Señor ha prometido sacar a los justos de ese lugar oscuro y abrumador (de donde cae por las presiones).

En el Salmo 1:15, 16 se encuentra ésta maravillosa promesa directamente del Señor:

Me invocará, y yo le responderé; con él estaré yo en la angustia; lo libraré y le glorificaré. Lo saciaré de larga vida, y le mostraré mi salvación.

El clamar a Dios con fe, es un arma poderosa contra todo ataque del enemigo. Dios prometió estar en la angustia y librarte de ella. ¡El clamor a Dios es un arma poderosa contra los ataques del diablo! Leer los Salmos en voz alta y creer es una medicina buena que da resultado al alma triste y sin esperanza. ¡Sí, hay esperanza en salir del hoyo de la desesperación!

Cree incondicionalmente en esta Palabra y lograrás poner tus pies sobre peña firme.
Él ha prometido librarnos de toda asechanza del enemigo.

Muchas son las aflicciones del justo, Pero de todas ellas le librará Jehová. Salmo 34:19

Porque él librará al menesteroso que clamare, Y al afligido que no tuviere quien le socorra. Tendrá misericordia del pobre y del menesteroso, Y salvará la vida de los pobres. Salmo 72:12-13

Aunque hemos analizado de qué manera ataca el enemigo y cómo ser libres por la Palabra. Vamos a profundizar en la diferencia que hay entre la persecución espiritual y los sentimientos del alma; tema que trataremos en el próximo capítulo.

Lidia Zapico

4

Entendiendo la Diferencia entre un Ataque Espiritual y los Sentimientos del alma

Lidia Zapico

La lucha espiritual en el hombre por su destino existe desde que Adán pecó. A consecuencia de su desobediencia vinieron las maldiciones. Una maldición cayó sobre Adán, otra cayó sobre la serpiente antigua (Satanás) otra sobre la tierra y sobre la mujer. Al ser ella seducida por el engaño de la serpiente, cayó en transgresión. Por esta causa comenzó una persecución espiritual contra la mujer que existe hasta el día de hoy. En esta batalla espiritual, Cristo el postrer Adán, vino para vencer a Satanás y para abolir la maldición dada en el jardín del Edén, tanto para la mujer como para el hombre.

Para andar en completa victoria, cada creyente en Cristo, tiene que conocer esta verdad. Esta, te ayudará a diferenciar entre el ataque directo del enemigo y los sentimientos engañosos del corazón. Algo que en muchas ocasiones es difícil de lograr, ya que los sentimientos algunas veces se enlazan con el dolor y la ira.

Para diferenciar esta "lucha" (que confronta el alma) se debe conocer cómo ésta se conduce dentro del ser humano. Los sentimientos, entrelazados a la mente, al espíritu humano y a los sentidos del cuerpo, forman una vasta montaña de ideas, emociones, decepciones, temores, alegrías, amarguras, frustraciones, ilusiones ficticias, imaginaciones, desconfianza, ira y una lista interminable de otros sentimientos. Estos se convierten en un mar de turbulencia difícil de interpretar cuando el ser humano depende cien por ciento de ellos.

Los doctores dicen que el corazón, los pulmones y los riñones trabajan unidos. Es decir, si uno de ellos se enferma (ej. el corazón), el paciente, aunque este débil, puede sobrevivir. Sin embargo, si los tres se detienen al mismo tiempo, la posibilidad de vivir es mínima.
También el alma, trabaja unida a los sentimientos (corazón) y mente dentro del cuerpo del ser humano.

Todas nuestras emociones están entrelazadas entre el alma y el espíritu humano dentro del cuerpo (El espíritu del hombre está en todo el cuerpo y en cada célula a través de la sangre, donde emana la vida).

Los filósofos separan en dos las cavidades profundas del espíritu del hombre.

Una la llaman el inconsciente y la otra el subconsciente. Sin embargo Proverbios 20:27, se refiere a que *"el espíritu del hombre es la lámpara de Jehová que escudriña lo más profundo del corazón del hombre"*. La Palabra no especifica esas dos cavidades del espíritu del hombre, Pablo en sus epístolas, nombra la conciencia donde es el punto donde el Espíritu de Dios trae al corazón del hombre, la reflexión acerca de la verdad.

La palabra alma se define como *"lo que tiene vida"* o *"El soplo de vida"* es decir: como la existencia en sí del ser humano. Su primera función es dar vida al cuerpo. Entonces se puede definir el alma como *"la imagen del aliento"* o el soplo divino del Omnipotente. Dios sopló aliento de vida en Adán y lo hizo un ser viviente. (Génesis 2:7)

Los sentimientos están muy conectados a la rápida reacción que emite el cerebro. El olor de un perfume, por ejemplo, puede traer recuerdos de muchos años atrás. Así también, el sonido de una melodía específica puede hacer vivir del pasado una imagen escondida en el subconsciente. Nuestra mente se conecta al mínimo dolor y rápidamente surge la duda, el temor y el espanto acompañado de pensamientos que traen temor sin poderlo evitar. Basta un solo recuerdo, sin palabras y el rubor sube a la cara.

Analicemos los problemas que se relacionan basados por caminar bajo la presión de los sentimientos:

El ser humano es un ser sumamente emotivo y muchas veces falla al juzgar indebidamente las situaciones por las que está atravesando. Muchas veces se siente abatido por los sentimientos contrarios no deseados. Otras veces Dios permite que pase por procesos dolorosos para que del barro se forme una vasija o de la roca que salga el diamante.

En otras ocasiones, la persona recibe ataques directos como dardos de fuego, de parte de Satanás. Pero recuerda: "todos los que resisten al enemigo, siempre saldrán triunfantes de cada situación ".

Veamos tres de ellas:

1. Las emociones contradictorias del alma natural.

2. La prueba permitida por Dios.
3. Persecución espiritual causada por el enemigo

1- Las emociones contradictorias del alma natural

El apóstol Pablo en su carta a los Colosenses, nos exhorta a despojarnos del viejo hombre (con todos sus hechos pecaminosos) para revestirnos del nuevo, el cual fue creado a la imagen del Padre y dice que se renueva constantemente hasta el conocimiento pleno de nuestro Señor Jesucristo (Colosenses 3:9-11). Cuando el apóstol escribe acerca de despojarse del "viejo hombre", se refiere a quitarse la vestimenta vieja que cubre el alma. Lo mismo cuando habla de revestirse, significa sacar el vestido (lleno de emociones no centradas en Cristo) y ponerse uno mejor, (aquel que nos llevara al pleno conocimiento de lo más máximo, el cual es Cristo).

En la epístola a los Efesios, nos amplía un poco más este concepto:

En cuanto a la pasada manera de vivir, despojaos del viejo hombre, que está viciado conforme a los deseos engañosos, y renovaos en el espíritu de vuestra mente, y vestíos del nuevo hombre, creado según Dios en la justicia y santidad de la verdad. Efesios 4:22-24

Nos intensifica la imagen del "viejo" y el "nuevo". También nos realza el "espíritu de nuestra mente"; una mente viva que se sujeta a la mente de Cristo.

En la carta a los Romanos, Pablo nos dice que el *viejo hombre fue crucificado juntamente con él, para que el cuerpo del pecado sea destruido, a fin de que no sirvamos más al pecado. Romanos 6:6*

Para que logres ser un creyente victorioso en todas las áreas espirituales, debes conocer la diferencia que existe entre vivir bajo el efecto de las emociones y andar en el espíritu.

Mira cuidadosamente la siguiente lista que califica los estados anímicos que pueden controlar el alma. Muchos de ellos la oprimen, mientras que otros la esclavizan.
Si estos estados emocionales negativos, perduran, se reflejarán más tarde en el cuerpo físico, como enfermedades, que en muchos casos serán irreversibles.

¡Libera primero el alma de sus prisiones y lo demás se solucionará!

Primera Lista de Estados Emocionales Negativos

Cuántas veces te sientes:

Abusado - cuando una persona ha sido golpeada verbal o físicamente por otra, se siente rechazada y abusivamente herida.

Acabado - Forma negativa de sentirse mentalmente; como fracasado, destruido interiormente. Ningún ser humano es, por naturaleza, un fracasado; si se activa la mente positivamente, cambiará el fracaso por éxito al comenzar a actuar.

Afanado - Fatiga, penalidad, apuro. Lo contrario a no reposar, confiar o creer en algo o en alguien. La Palabra de Dios exhorta a no estar afanado; cuando la confianza y la fe son debilitadas, el alma entra en estrés, dis-trayendo y por consiguiente debilitando la fe.

Sin fe es imposible agradar a Dios (*Hebreos 11:6*). La disciplina en la lectura de la Palabra de Dios hará que crezca la confianza y hará desaparecer el estado ansioso del alma.

Me gozaré y alegraré en tu misericordia, porque has visto mi aflicción; has conocido mi alma en las angustias. No me entregaste en mano del enemigo; pusiste mis pies en lugar espacioso. Ten misericordia de mí, oh Jehová, porque estoy en angustia; se han consumido de tristeza mis ojos, mi alma también y mi cuerpo. Salmo 31:7-9
Verá el fruto de la aflicción de su alma, y quedará satisfecho... Isaías 53:11

Airado - Estado emocional al borde de perder el control de la situación. Ira de furia unida a la violencia.
Frustración retenida a punto de estallar. Espíritu de ira manifestado. Rienda suelta a los sentimientos reprimidos. En este caso, hay que tener cuidado en no poder contenerla, porque su consecuencia puede ser muy dañina.

Amargado - Sentimiento de dolor, pena y aflicción. Debe evitarse el lapso largo, ya que puede traer un estado permanente de resentimiento, y luego, convertirse en raíz de amargura. De ese estado proviene el odio. (Véase Odio)

Angustiado - La angustia es más que un sentimiento del alma, ésta llega hasta el espíritu del hombre. Jesucristo se sintió angustiado, pero fue por un tiempo, luego se gozó al ver el fruto de su angustia, ya que hubo miles y miles de redimidos por su muerte. Muchos años antes de que esto sucediera, el profeta lo había visto en su espíritu y lo escribió. (Isaías 53:7)

Ansioso - Estado de ánimo relacionado con los nervios del cuerpo. Bajo mucho estrés. Muy similar al afán. (Véase afanado).

Apagado - Sin ganas de hacer las cosas, con el estado de ánimo bajo. Propenso a entrar en depresión. La persona debe de analizarse para buscar ayuda a tiempo.

Apático - Dejadez, falta de interés, de vigor o de energía. El Espíritu Santo descendió en el Pentecostés para llenar de poder a cada creyente. Así mismo, todo aquel que le busca recibe nuevas fuerzas espirituales.

Arrastrado - Estado de ánimo muy bajo, por el suelo. Tener como consecuencia inevitable que otro siempre lo anime emocionalmente. Necesita siempre de las fuerzas de otros para actuar. Depende de las oraciones de los demás.

Atropellado - Sentirse derribado o empujado con violencia por alguien que quiere abrirse paso por encima de uno mismo para dejarlo atrás.

Burlado - Sentimiento de que ha sido ridiculizado, defraudado o engañado por alguien.

Cansado - Es cuando la persona se siente fatigada y con falta de fuerza espiritual. Jesucristo invitó a todos aquellos que se sentían cansados para que se acercaran a Él y recibieran descanso. El reposo es similar a llegar a disfrutar la paz y serenidad que trae la presencia de Dios en el corazón.

Cargado – Es el periodo emocional en el cual el alma lleva un peso de preocupación por algo o alguien que le oprime con más trabajo que el habitual. Por eso, Jesús se refirió tanto al cansancio y a la carga, tanto físico como espiritual.

Celoso - La persona sólo quiere acaparar la atención hacia sí misma. Es un espíritu fuerte el cual quiere controlar a otros. El substantivo de celo significa: cuidado, esmero, diligencia, ardor, entusiasmo, devoción. Intensifica las ideas expresadas por sus sinónimos y connota además asiduidad o continuidad. El ardor, el entusiasmo y la devoción pueden ser pasajeros; el celo es continuado y se manifiesta en la reiteración de actos.

Censurado - Sentirse despreciado por otros. No aceptado. Ser criticado y verse detractado de los demás.

Confundido - Tener duda y falta de claridad en el pensamiento. No poder distinguir la verdad. Estar bajo un estado de turbación. No discernir correctamente la realidad existente.

Creído- Cree que todo lo sabe. Se lleva bien con el soberbio y el orgulloso.

Culpable - Estado del alma no redimida, es decir, que no ha recibido el perdón por la sangre de Jesús. Es cuando el alma está abatida por no recibir el favor del perdón. El culpable esta bajo una tensión que se enfoca en sus malas actitudes. El hombre no regenerado por Dios, siempre se sentirá culpable a si mismo porque está descubierto frente a los ojos de Dios a causa de su pecado.

Depresivo - Tener un estado bajo de ánimo caracterizado por sentimientos de tristeza y de baja autoestima. El salmista lo explica como alguien que cae en un pozo profundo. (Salmo 40:2)

Desconfiado - Siente inseguridad de sí mismo y no cree en los demás. Tiene poco ánimo para tomar decisiones.

Despreciado – Rechazado, abandonado, apertura a la depresión.

Dudoso - Le cuesta hacer cambios y nunca alcanza metas. La persona que duda es como las olas de mar que suben y bajan.

Encajonado - La persona se siente que no avanza en su vida espiritual y siempre gira dentro de un mismo círculo. Tiene tendencia a estar bajo complejos emocionales. Es como si estuvieran dentro de sí mismo, sin poder desarrollarse en muchas áreas ni prosperar.

Enojado - Sentimiento previo a la ira. Período fuerte de frustración, ardor, furor e indignación. El enojo trae carga y cansancio tanto físico como espiritual. Uno mismo debe desbloquearse y superar la situación embarazosa antes de pasar a un estado más crítico. Con mente positiva y perdonadora se hará posible superar este estado anímico. El peligro está cuando se radica en el alma; es crónico y permanente. Esto lleva a forjarse en el carácter.

La persona debe ser ministrada cuando el enojo es una maldición generacional. Si no se controla a tiempo, el enojo abrirá la puerta a la ira y al enfurecimiento. El enojo controlara a la persona llevándola del ardor al furor y a la indignación, para terminar en ira.

La Palabra dice que *El que fácilmente se enoja hará locuras... Proverbios 14:17*

Cuando una persona está influenciada por el enojo, el espíritu de Dios no puede fluir libremente. Jesús dijo que *cualquiera que se enoje contra su hermano, será culpable de juicio... Mateo 5:22*. Se debe renunciar al enojo antes de que caiga el sol y arreglar cuentas, para amanecer en un nuevo día habiendo perdonado a quien se ha ofendido para ser totalmente libres de esta opresión. (Efesios 4:26)

Envidioso - Codiciar lo ajeno. La persona envidiosa es confundida en su mente por no tener lo que otro posee y hará (en su propio capricho) todo lo posible por alcanzarlo. Si esto no se controla, traerá tristeza airada con gran disgusto interno. La envidia también puede controlar a la persona si no se interviene a tiempo. La envidia, más que un estado emocional, es un pecado. En los diez mandamientos dados a Moisés por Jehová-

Dios está escrito: *No codiciarás la casa de tu prójimo, no codiciarás la mujer de tu prójimo, ni su siervo, ni su criada, ni su buey, ni su asno, ni cosa alguna de tu prójimo. Éxodo 20:17*

Estresado - Es la alteración de un individuo por exigirle a su cuerpo un rendimiento superior a lo normal. Por la demanda cada vez mayor de consumo, el hombre y la mujer trabajan excesivamente trayendo estrés a la mente. Esto produce fatiga, agotamiento, ansiedad y tensión nerviosa. El estrés se relaciona al afán (ver afanado).

Frustrado - Fracaso de una esperanza o deseo por no lograr lo esperado. Como nunca antes, en el presente, la mente está bombardeada de miles de propagandas y exigencias. La corriente de la sociedad expone un ritmo de vida que no todos pueden seguir. Esa competencia diaria logra frustrar la mente del individuo cuando no alcanza las metas o el objetivo al que se quiere llegar. Se deben analizar las prioridades, para ponerlas en orden.

Furioso - La furia viene de la frustración retenida (vea enojado).

Herido emocionalmente- Las heridas emocionales se producen por el rechazo, el desprecio y el abandono. Toda persona que encuentra a Cristo y conoce su amor, es ministrada en esa área. El perdón cura toda herida producida por el desprecio recibido.

Histérico - Es una persona influenciada y dominada totalmente por la ira; es aquella que responde con exageración a diferentes estímulos. Esta cien por cien propenso a perder el control de sí mismo, física y emocionalmente.

Impaciente - Alma ansiosa. Lo opuesto a la paciencia.

Impotente - Tener falta de fuerza para hacer algo. A veces quiere hacer más cosas de las que puede. La impotencia trae la frustración.

Incomprendido - Sentimiento unido al rechazo, con lazos de soledad. Creerse despreciado en la opinión de los demás.

Inseguro - Es una persona con complejos y baja autoestima, que no puede hacer las cosas por sí misma, por eso necesita siempre que otros la estimulen.

Intolerable - No respeta las opiniones de los demás. No se puede aguantar por su rebeldía, mal carácter y malas palabras.

Lleno de odio - Para llegar a este estado emocional, tuvo que tener primeramente, falta de perdón y eso hizo crecer la raíz de amargura dentro de su interior. Su fruto es el odio. Es contrario al amor y es un espíritu muy venenoso. Eventualmente, este deja de ser un estado emocional del alma para convertirse en un espíritu maligno.

Miedoso - El miedo es un espíritu de temor y la persona atacada por este espíritu, debe confrontarlo con fe y echarlo fuera.
Generalmente opera desde afuera hacia adentro. Nadie en si es miedoso, sino que es atacado por un espíritu de temor que acosa la mente logrando muchas veces paralizar al cuerpo, quedando la persona completamente bloqueada.

Se debe ser consciente de esto, no existe una persona miedosa. La persona es dominada por este espíritu; desde afuera hacia adentro, oprimiéndola. ¿Cómo lo logra? Llevando a la persona a la duda y la incredulidad.
El espíritu de temor se vence teniendo una mente positiva sabiendo quién es en Cristo.

Ordinario – La persona se siente sucia. Sentimiento negativo hacia uno.
La persona se siente inferior y miserable. Ocasionalmente cuando ha sido violado o abusado.

Orgulloso - Centrado en su yo (en sí mismo). Se siente superior a otros. Esto lo hace aislarse de los demás. El orgullo mismo lo cerca y lo aísla de la realidad de dar. El mismo orgullo los llena de vanidad y de vanagloria. La hermana gemela del orgullo es la soberbia. La persona orgullosa está influenciada por el espíritu de leviatán, el cual es el principado rey sobre todos los soberbios. (Job 41:34)

Ostentoso - Se cree que tiene más que los demás y se engaña a sí mismo.

Perdido - Desorientado y confundido. Muchas veces las personas entran en este estado de duda. No conocen ni entienden lo que deben hacer. Es como tener un bloqueo mental y confusión. Es más que un estado de ánimo, y es muy peligroso, pero en la oración de liberación, la persona es liberada.

Perezoso - Similar al cansancio espiritual, pero en este caso el desaliento es físico. La persona debe esforzarse a sí misma para cambiar su actitud.

También la lleva a no trabajar en el momento adecuado, por eso pierde las oportunidades buenas y nunca le llega la prosperidad.

El alma del perezoso desea, y nada alcanza; Mas el alma de los diligentes será prosperada. Proverbios 13:4

Pisoteado – Sentirse hecho polvo (véase herido)

Rabioso - Un síntoma de la frustración airada. Ira retenida.

Rebelde - No obedece ni le gusta hacerlo. Tiene el corazón difícil de gobernar o dirigir. Es más que un sentimiento del alma, es un espíritu de rebelión. Se deleita en la desorganización. Es anarquista. A veces llama la atención para justificar su rebeldía. No se sujeta ni quiere hacerlo. Este espíritu abre las puertas a otros como: no reconocer la autoridad ni someterse a ella, odio, rencor, aislamiento, engaño, rechazo a la sociedad, odio a todo lo sujeto a la justicia divina.

Rencoroso - Es alguien que siempre alimenta los pensamientos de resentimiento. Mantiene constantemente vivos los recuerdos de maltratos, conduciéndolo a sentirse herido. Se complace en lastimarse recordándolos y se mantiene bajo ese estado emocional sin querer salir.

Renuente – No quiere aceptar nada de los demás, menos los consejos. Tiene terror a las órdenes No hará lo que le exigen. Este espíritu se une con los frustrados y rebeldes.

Resentido – Se dice cuando la persona no ha perdonado totalmente. Se siente acomplejada y resentida por la causa que el mismo se cree estar herido.

Resistente - No tolera ni los hechos ocurridos ni los cambios. Su mente no logra captar ni está preparado para los cambios. Duda de todos.

Solitario - Se siente desamparado, aunque este rodeado de personas.

Sospechoso - Estar convencido de que siempre lo persiguen. Opresión en la mente. Sufre de sicosis de persecución.

Triste - Afligido o apenado. A veces es causado por un dolor muy fuerte que no se pudo superar Muchas veces de carácter melancólico, de apariencia funesta. Puede ser un momento temporero, para luego la persona recobrar su estado original, pero si la persona se acostumbra a vivir así, tiene tendencia a convertirse en raíz de amargura.

Turbado – Bloqueo mental. Confusión crónica; venda de encantamiento en los pensamientos. (Véase perdido)

Vacío - Cuando el alma no está llena del Espíritu de Dios, ni tiene amor.

Vil - Sentirse despreciable, con falta de aprecio. Período de tiempo en el cual la sangre de Jesucristo no le ha limpiado de todos sus pecados.

Vulnerable - Inconsistente y sensible. Puede ser fácilmente herido o dañado moralmente por su estado de fragilidad.
La mayoría de estos períodos de ánimo que se rigen bajo la mente y los sentimientos deben ser llevados a la cruz del Calvario para que la persona sea libre de ellos.

¿Es la ira un espíritu demoníaco que oprime el alma? ¿Qué es el orgullo o qué es la soberbia? ¿Un pecado (puertas abiertas), se vuelve en una fortaleza dentro del alma? ¿Es el odio un espíritu de maldad? ¿Es la envidia más que una forma caprichosa de comportarse? ¿Puede la falta de perdón convertirse en una raíz de amargura? ¿Es el rechazo un espíritu inmundo?

Algunos estados emocionales no son pecados; pero, si la persona no logra arrepentirse y apartarse de ellos a tiempo, partes del alma puede quedar prisionera, Todos estos estados emocionales negativos tienen que ser pasajeros en la vida. Si alguno de ellos logra echar raíz, se convertirá en "una fortaleza", que es un área dentro del ser humano bajo el control de las tinieblas. Dicho de otra manera, estos estados de ánimo pueden encerrarse en pequeñas cárceles que irán aprisionando el alma hasta dejar parte de ella cautiva bajo tinieblas. Jesús lo dijo:

Así que, si todo tu cuerpo está lleno de luz, no teniendo parte alguna de tinieblas, será todo luminoso, como cuando una lámpara te alumbra con su resplandor. Efesios 11:36

Esto se refiere a que si una parte del corazón guarda pecado, aunque la persona pueda creer que está en luz (porque se dice amar a Dios) las tinieblas que habitan ahí, hará que no alumbre como tiene que alumbrar. El cuerpo no brillará completamente hasta que la luz llegue a reinar a totalidad.

El Señor nos manda a mirarnos en el espejo de su Palabra para vernos como Él nos mira. Por eso, se necesita sacar estos vestidos viejos que componen la primera lista de opresiones y fortalezas espirituales para revestirse de nuevas vestiduras, que serán puestas por el Espíritu de Dios.

Segunda Lista de Períodos Emocionales positivos

Acostúmbrate a vivir de la siguiente manera:

- Amable
- Amigable
- Amparado bajo la sangre
- Con benignidad
- Con nuevas metas
- Con paz
- Confiando en Dios y en su Palabra
- Consolando a otros
- Contento
- Creyendo
- Dadivoso
- Dinámico

- En reposo
- Esperanzado
- Gozoso
- Humilde
- Lleno de amor
- Lleno de buenos pensamientos
- Lleno de fe
- Lleno del Espíritu de Dios
- Misericordioso
- Ordenado
- Perdonando
- Seguro

Es bien importante que aprendas a analizarte cada día a ti mismo, tanto si estás viviendo bajo tus propios caprichos, o caminas conforme a la voluntad de Dios. Siempre hazlo de acuerdo a la Palabra para mantenerte saludable espiritualmente.

A veces Dios permite que lo que "más quieres" se sacuda en tu vida, para que sepas que Él es el que está tratando directamente contigo. Esto se llama: *"la prueba permitida por Dios"*.

2- La Prueba Permitida por Dios

Jesucristo fue un ejemplo para nosotros ya que El pasó por *"la prueba permitida por Dios"*. Su vida, ejemplo, desvelos y ayunos lo condujeron a cumplir el plan trazado por el Padre. La prueba más grande que Él vivió no fue durante las horas de agonía en la cruz, sino anteriormente cuando tomó la decisión, en el monte de los Olivos, de ir voluntariamente como cordero a la cruz. En ese lugar, apenas horas antes de ser arrestado, su alma estaba batallando en angustia. Pero se entregó a sus enemigos para que se realizara en su vida la perfecta voluntad de aquel que lo había enviado. Frente a la realidad, como ser humano, debía escoger. Oró fielmente tres veces a su Padre diciendo: *...pasa de mí esta copa, pero que no sea mi voluntad, sino la tuya. Lucas 22:42*

El autor de los hebreos escribe lo siguiente:

...y diciendo luego: he aquí que vengo, oh Dios, para hacer tu voluntad; quita lo primero, para establecer esto último. En esa voluntad somos santificados mediante la ofrenda del cuerpo de Jesucristo hecha una vez para siempre. Hebreos 10:9-10

Jesús entrego su voluntad y padeció la disciplina de su Padre celestial porque era necesario que fuera quebrantado y humillado por nosotros. Su recompensa a sido el fruto de millones de almas redimidas.

Si alguna vez te has sentido que estas pasando por *"la prueba permitida por Dios"*, recuerda, eso es señal de que eres hijo de Dios.
La tristeza que es producida por la disciplina después de actuar, trae gozo.

Como dice: *Es verdad que ninguna disciplina al presente parece ser causa de gozo, sino de tristeza; pero después da fruto apacible de justicia a los que en ella han sido ejercitados. Hebreos 12:11*

Si en este momento estás pasando por un desierto espiritual, donde crees que nadie te ayuda y tienes que tomar decisiones muy personales, ante todo lo primero que debes hacer es reconocer que Dios está en control de tu vida. Esto te llevará a buscar y a estar más cerca de su presencia. Jesús prometió: *"He aquí yo estoy con vosotros todos los días, hasta el fin del mundo" Mateo 28:20.*
Muchos en la prueba se turban, y ven las cosas turbulentas (como los discípulos en la barca vieron a Jesús como un fantasma) En esos momentos se debe saber, que El está presente; aunque el alma se sienta sola, y no lo perciba claramente.

La influencia de la oscuridad y la turbulencia de la tormenta, es enviada con el propósito de perder la visión y la fe, para que el alma entre en desesperación

Las pruebas son necesarias; porque después que todo vuelve a la normalidad, ellas han sido el instrumento para llevarte a nuevos niveles. Este trato directo es para obtener una comunión más íntima y personal con Él.

Es peligroso que en esta difícil situación se tomen malas decisiones. Aunque parece difícil, por eso, se debe guardar la calma (ya que en esos momentos todo se sacude; hasta la débil fe) para no abrir puertas quizás, hasta a la misma tentación.

3- Persecución Espiritual a Causa de la Desobediencia

En esta área, no todos pueden entender la situación que se está desenvolviendo. Porque se establece una batalla interior, entre la duda de sus pensamientos y la tentación directa de los demonios.

Muchas personas viven arraigadas a los sentimientos del pasado; (ligaduras emo-cionales). También a las permanentes puertas entreabiertas (desobediencia conti-nua) dan la oportunidad a caer en un enfriamiento espiritual.

Hay que ver desde un punto de vista objetivo la raíz de las circunstancias, para de esa manera poder obtener la victoria en todas las áreas. Tanto en la batalla de la mente (tentación o confusión en los sentimientos) como las batallas espirituales (ataques directos del enemigo).

Cuando una persona decide buscar de Dios y hacer su voluntad, tarde o temprano se confrontará con el enemigo, (este peleará por la parte que logro poner bajo tinieblas, sin querer soltar). Si la persona insiste en vivir en pecado y no se aparta totalmente de la vida pecaminosa, será esclava de sus propios sentimientos y nunca gozara de una vida victoriosa en Cristo.

Si vamos a Cristo y morimos a nuestra vieja manera de ser, en la cruz juntamente con El, seremos más que vencedores.

Es muy importante esto. Este hecho que se realiza por la fe. La obediencia te hará libre de la esclavitud del pecado y comenzaras a experimentar una vida exitosa donde Satanás no te podrá tocar. Analízate a ti mismo y no permitas que ningún lugar de tu alma caiga cautiva al enemigo.

Las **mentiras, el engaño** y toda obra de la carne es una oportunidad para que el enemigo tome ventaja sobre ti. Otras de las "puertas abiertas" más comunes son: la desobediencia y la rebeldía. Principalmente la desobediencia, ata el alma y se convierte en pecado de hechicería. Es una prisión de oscuridad dentro del alma terrible; muchos cristianos en vez de cumplir la totalidad del evangelio ellos mismos se convierten en esclavos del pecado.

Recuerda, si abres puertas al pecado serás esclavo del mismo. El Señor te ha llamado a liberar a los cautivos, no seas tú esclavo sino conviértete en un libertador de los demás.

Morando por un Tiempo en Tinieblas

Jonás es un ejemplo vivo de cómo un creyente puede caer en la esclavitud del alma a causa de la desobediencia. Él tuvo que permanecer en el vientre del pez, rodeado por tinieblas y algas marinas hasta el cuello, similar a estar en el mismo vientre del Hades.

Porque ha perseguido el enemigo mi alma; ha postrado en tierra mi vida; me ha hecho habitar en tinieblas como los ya muertos. Salmos 143:3

¿Te has preguntado cuántos creyentes viven dentro del vientre de oscuridad por la desobediencia que es andar en sus propios caminos? Su vida aparente *"cristiana"* no sale de un círculo vicioso.

Estos círculos no tienen salida porque el pecado de la desobediencia los ha encerrado en bóvedas de oscuridad.

Solo el clamor del alma sincera al único libertador Jesucristo, hará que el alma salga a flote de la desesperación.

Entonces oró Jonás a Jehová su Dios desde el vientre del pez, y dijo: Invoqué en mi angustia a Jehová, y él me oyó; desde el seno del Seol clamé, y mi voz oíste. Me echaste a lo profundo, en medio de los mares, y me rodeó la corriente; todas tus ondas y tus olas pasaron sobre mí. Entonces dije: Desechado soy de delante de tus ojos; más aún veré tu santo templo…; mas tú sacaste mi vida de la sepultura, oh Jehová Dios mío. Cuando mi alma desfallecía en mí, me acordé de Jehová, y mi oración llegó hasta ti en tu santo templo. Jonás 2:1-7

Lo más maravilloso de esto es que cuando el alma clama a Dios con sinceridad, siempre halla respuesta.

Oh Jehová, hiciste subir mi alma del Seol; me diste vida, para que no descendiese a la sepultura. Cantad a Jehová, vosotros sus santos, y celebrad la memoria de su santidad. Porque un momento será su ira, pero su favor dura toda la vida. Por la noche durará el lloro, y a la mañana vendrá la alegría. Salmo 30:3-5

Es muy importante confesarle al Señor uno por uno de los pecados por la cual las puertas fueron abiertas. Hay que renunciar en voz alta, para tener liberación total y absoluta.

Así dijo Jehová: En tiempo aceptable te oí, y en el día de salvación te ayudé; y te guardaré, y te daré por pacto al pueblo, para que restaures la tierra, para que heredes asoladas heredades; para que digas a los presos: Salid; y a los que están en tinieblas: Mostraos. En los caminos serán apacentados, y en todas las alturas tendrán sus pastos. Isaías 49:8, 9

¿Cómo se sentían los hombres de Dios?

Muchas veces el alma del fiel seguidor es puesta a prueba y afligida. Veamos algunos de estos hombres de Dios, pasar por pruebas similares.

> ➤ **David se sentía hundido en lo más profundo del cieno (barro) en los abismos de las aguas.**

Estoy hundido en cieno profundo, donde no puedo hacer pie; he venido a abismos de aguas, y la corriente me ha anegado. Salmo 69:2

> ➤ **Se sentía bajo presión de Soledad y Desolación**

Y mi espíritu se angustió dentro de mí; está desolado mi corazón. Salmo 143:4

> ➤ **Job estaba en amargura de alma.**

Por tanto, no refrenaré mi boca; hablaré en la angustia de mi espíritu, y me quejaré con la amargura de mi alma. Job 7:11

➢ **Jonás se sintió como el abismo de la oscuridad lo rodeaba y la misma muerte lo quería arropar.**

Las aguas me rodearon hasta el alma, rodeóme el abismo; el alga se enredó a mi cabeza. Descendí a los cimientos de los montes; la tierra echó sus cerrojos sobre mí para siempre. Jonás 2: 3

➢ **Jesús sintió como su alma era turbada.**

Mi alma también está muy turbada; y tú, Jehová, ¿hasta cuándo? Salmo 6:3

La turbación es un dardo del enemigo contra tu mente, por lo que debes reprenderla y confesar que ese dardo no puede permanecer dentro de ti. Acuérdate que eres libre por la fe.

➢ **El salmista se sentía afligido**

Me devuelven mal por bien, para afligir a mi alma. Salmo 35:12
Si la aflicción viene de parte de los que envidian tu vida espiritual, debes resistirla y vencerla; teniendo en mente que el gozo del Señor es tu fortaleza con el cual vencerás.

> **A veces el alma se siente agobiada hasta el polvo.**

Porque nuestra alma está agobiada hasta el polvo, y nuestro cuerpo está postrado hasta la tierra. Salmo 44:25

No confesarás: ¡estoy hecho polvo!, sino más bien, reducirás a tus enemigos hasta el polvo. Dios da el poder y las fuerzas a sus fieles para lograrlo.

Y los molí como polvo delante del viento. Salmo 18:42

No son enemigos físicos, sino son los espíritus de aflicción y destrucción a los que tú pisarás, como dijo Jesús: *He aquí os doy potestad de hollar serpientes y escorpiones, y sobre toda fuerza del enemigo, y nada os dañará. Lucas 10:19*

> **David se sentía por dentro despedazado**

Pero ellos se alegraron en mi adversidad, y se juntaron; se juntaron contra mí gentes despreciables, y yo no lo entendía; me despedazaban sin descanso… Salmos 35:15

Pero Dios se levantara en contra de la furia de mis angustiadores.

Levántate, oh Jehová, en tu ira; álzate en contra de la furia de mis angustiadores, y despierta a favor mío el juicio que mandaste. Salmo 7:6

Despide relámpagos y disípalos, envía tus saetas y túrbalos. Salmo 144:6

Si tu alguna vez te has sentido así, busca y clama a Dios. Aprópiate de los textos maravillosos que te levantan en la fe y repítelos en tu mente continuamente.

Este pobre clamó, y le oyó Jehová, y lo libro de todas sus angustias. Salmo 34:6

Levántate, oh Jehová; sal a su encuentro, póstrales; libra mi alma de los malos con tu espada... Salmo 17:12, 13

Confortará mi alma; me guiará por sendas de justicia por amor de su nombre. Salmo 23:3

A ti, oh Jehová, **levantaré mi alma.** *Dios mío, en ti confío; no sea yo avergonzado, no se alegren de mí mis enemigos. Salmo 25:1, 2*

Busqué a Jehová, y él me oyó, Y me libró de todos mis temores. Salmo 34:4

¡Qué maravillosa promesa! Si le buscas con todo tu corazón, serás libre del ataque del enemigo. Esta Palabra escrita (especialmente en los Salmos) se convierte en una poderosa oración que despoja el poder del enemigo. De esto se trata el próximo capítulo.

Lidia Zapico

5

Oración de Guerra en los Salmos

Lidia Zapico

Como hemos visto en el capítulo anterior, cuando encuentra una puerta abierta el enemigo, (ya que él es el gran oportunista) aprovecha para lanzar sus saetas y dardos.

En este capítulo se analizara a través de los escritos de los Salmos, las tácticas y las oraciones que usó el salmista para derrotar a sus enemigos. Es muy importante saber que David tuvo el corazón conforme al deseo de Dios, fue adorador y también guerrero. Desde su temprana edad, aprendió a confiar en Dios y no en sus propias fuerzas. Inspirado por un espíritu adorador escribió el cántico:

Aunque ande en valle de sombra y de muerte, no temeré mal alguno... Salmo 23:4

"Bendito sea Jehová, mi roca, quien adiestra mis manos para la batalla, y mis dedos para la guerra..."
Salmo 144:1

Oración: En el nombre de Jesús, vuelvo atrás todos los que se levantan contra mí e intentan mi mal, y avergüenzo a todas las artimañas del enemigo. Señor Todopoderoso, confunde los planes de Satanás en contra de mi vida, y en contra de tu pueblo, y no dejes que controle y opere más en esta situación. Trastorna sus planes contra mi vida (Proverbios 22:12), porque yo sólo caminaré por la senda que tú has trazado para mí. Amén.

Cuando le conoces, quieres obedecerle para agradarle en todo el hacer su voluntad es tu placer. Eso te llevara poco a poco adquirir vas adquiriendo conocimiento y autoridad. **Es ahí cuando estas listos para hacer guerra contra tu enemigo.** De esa manera usaras las mismas armas que usó el Rey David, ¿Cuáles fueron?

- La íntima comunión con Dios.
- La confianza total en Él.
- La alabanza y adoración genuina.
- Las estrategias de guerra, siendo guiado siempre por el Espíritu de Dios.

Al conocer las expresiones del alma de un salmista, te darás cuenta de la profunda enseñanza que éstas contienen, y aprenderás mucho acerca de la oración de guerra.

Por ignorar esta parte muchos se han mantenido bajo una posición defensiva frente al enemigo. Es el tiempo de cambiar a la ofensiva. Dios está llamado a su iglesia a tomar la posición de autoridad que El siempre ha querido. Pelea por tus hijos, por tu matrimonio, por tu congregación y ciudad.

La oración de guerra es proclamar la Palabra en voz alta, orar como en los Salmos, creer como el salmista creía y confiar de todo corazón en las promesas de Dios.

- **Ten presente que no luchamos contra carne ni sangre, porque nuestra lucha es espiritual.**

- **Jamás usaremos estos términos para atacar a un ser humano, porque eso es maldición y brujería.**

- **Aprende esta diferencia. Tu lucha es contra potestades de maldad, en las regiones celestes**

Recuerda, orar para imponer tu propia voluntad en los demás es hechicería. Esto es querer controlar a otros a través de las oraciones

¡Dios es supremo!. Orar por la Palabra para bendecir a otros es la perfecta voluntad de Dios. Pero el pedirle a Dios que confunda a los enemigos que atacan la iglesia, si es bíblico.

Orando para derribar las potestades de maldad

➢ **¡Oh Dios, confunde a tus enemigos!**

Destrúyelos, oh Señor; **confunde** *la lengua de ellos… En cuanto a mí, a Dios clamaré; y Jehová me salvará. Tarde y mañana y a mediodía oraré y clamaré, y él oirá mi voz. El redimirá en paz mi alma de la guerra contra mí, aunque contra mí haya muchos. Salmos 55:9, 16-18*

El Señor es el que confunde al enemigo. Pidámosle con fe que los esparza y que los avergüence. ¡Ordénale al enemigo que retroceda en el nombre de Jesús! *(Jehová dijo:) Ahora, pues, descendamos, y* **confundamos** *allí su lengua… Génesis 11:7*

Por esto fue llamado el nombre de ella Babel, porque allí **confundió** *Jehová el lenguaje de toda la tierra, y desde allí los esparció sobre la faz de toda la tierra Génesis 11:9*

¿Por qué Jehová tuvo que hacer eso? Porque el corazón de los hombres se había unido para conspirar en contra de Dios mismo. Cuando decidieron hacer una ciudad y la torre en el centro, esto representaba el poder del hombre (humanismo) desafiando al creador.

Y dijeron: Vamos, edifiquémonos una ciudad y una torre, cuya cúspide llegue al cielo; y hagámonos un nombre, por si fuéremos esparcidos sobre la faz de toda la tierra. Génesis 11:4

Con ese nombre, Babilonia, se identifican hoy en día y aun prevalecen con sus "mentes unidas" para batallar (con sus rebeliones) contra Dios el Creador.

Se levantarán los reyes de la tierra, y príncipes consultarán unidos contra Jehová y contra su ungido diciendo... Salmos 2:2

Mientras la iglesia esté en la tierra, debe militar con fe. Dios confunde al enemigo con estrategias divinas entregadas a sus siervos. Observa que *"el confundir"* al enemigo es una táctica de guerra.

> **¡Oh Dios, confúndelos y avergüén-zalos!**

Es bíblico orar para que el Señor confunda y avergüence a los enemigos de la Iglesia que se alegran de su mal.

Sean avergonzados y confundidos a una los que de mi mal se alegran; vístanse de vergüenza y de confusión los que se engrandecen contra mí. Salmo 35:26

No estamos hablando de hombres físicos, sino que oramos al mundo espiritual y a todo enemigo de la obra de Dios que se levanta para frenar su avance.

> **¡Oh Dios, confunde los planes del enemigo y enceguécelo!**

Jehová Dios, mandó ceguera a los sodomitas que procuraban asaltar en cuadrilla a Lot y violar a sus hijas.

Y a los hombres que estaban a la puerta de la casa hirieron (los ángeles) con ceguera desde el menor hasta el mayor, de manera que se fatigaban buscando la puerta. Génesis 19:11

Es muy importante que ores basándote en la Palabra de Dios. Los términos enceguecer y confundir, también los encontramos en el Salmo 35:26:

Sean avergonzados y confundidos a una los que de mi mal se alegran; vístanse de vergüenza y de confusión los que se engrandecen contra mí.

Oración: En el nombre de Jesús, vuelvo atrás todos los que se levantan contra mí e intentan mi mal, y avergüenzo a todas las artimañas del enemigo. Señor Todopoderoso, confunde los planes de Satanás en contra de mi vida, y en contra de tu pueblo, y no dejes que controle y opere más en esta situación. Trastorna sus planes contra mi vida (*Proverbios 22:12*), porque yo sólo caminaré por la senda que tú has trazado para mí. Amén.

Sean avergonzados y confundidos los que buscan mi vida; sean vueltos atrás y avergonzados los que mi mal intentan. Salmo 35:4

> ➢ **¡Oh Dios, despoja al ladrón, al hombre fuerte!**

Todos mis huesos dirán: Jehová, ¿quién como tú, que libras al afligido del más fuerte que él, y al pobre y menesteroso del que le despoja? Salmo 35:10
Jesucristo reveló la estrategia del "hombre fuerte". En sus enseñanzas aconsejo: hay que atar al hombre fuerte, para poderle saquear y arrebatarle el botín.

Satanás es un ladrón le ha robado a los creyentes muchas de las bendiciones ya entregadas por Cristo en la cruz del Calvario. Este no hace más que robar y matar. Si pudiera robar, tu felicidad, tu dinero, tu llamado, tu sanidad, tu salvación; lo haría. Porque es pirata por experiencia. Jesús lo definió como "ladrón de ovejas". Tienes que quitarle lo que te perteneció. Piensa en lo que te ha despojado y arrebátaselo en el nombre de Jesús.

Levántate, oh Jehová, en tu ira; álzate en contra de la furia de mis angustiadores, y despierta a favor mío el juicio que mandaste. Salmo 7:6

➢ **¡Oh Dios, espárcelos!**

Levántese Dios, sean esparcidos sus enemigos, y huyan de su presencia los que le aborrecen. Salmo 68:1

Debes de esparcirlos en su nombre, como ocurrió en la Torre de Babel. Dios los confundió, y luego, los esparció. Al esparcir al enemigo se debilita, y ahí está una estrategia poderosa para vencerlo. Es necesario orar por eso, ya que en la unidad está la fuerza, tanto en el enemigo como en el pueblo de Dios.

Lamentablemente, a veces el enemigo está más unido entre sí, que el propio pueblo de Dios.

¡Es hora que la iglesia se levante en unidad!

Uno de los ataques del enemigo hacia la iglesia es poner a pelear unos contra otros. Satanás es un experto en girar las mentes. Si logra eso, se perderá el objetivo principal que es descubrirlo y avergonzarlo. Tu enfoque se desviara sobre el equivocado.

Depende de Espíritu Santo siempre y pídele en cada situación, discernimiento y el te lo dará.

Para más información acerca de este tema pida el libro *"Descubriendo a Belial de la congregación de los santos"* por José & Lidia Zapico.
…con tu brazo poderoso esparciste a tus enemigos. Salmo 89:10

Si Dios sale a tu favor y esparce a tus enemigos, eso es señal de que las oportunidades se te están abriendo, y el favor de Dios, esta sobre ti. Hay que echar siempre al que estorba.

Ten presente que el todopoderoso Dios fue el que hirió y esparció al enemigo de Israel y de la Iglesia.

Tú quebrantaste a Rahab como a herido de muerte; con tu brazo poderoso esparciste a tus enemigos. Salmo 89:10

Dos palabras similares a esparcir, son: disipar y derretir.

> ¡Oh Dios, disípalos, derrítelos delante de ti!

Mas los impíos perecerán, Y los enemigos de Jehová como la grasa de los carneros Serán consumidos; se disiparán como el humo. Salmo 37:20
Como es lanzado el humo, los lanzarás; como se derrite la cera delante del fuego, así perecerán los impíos delante de Dios. Salmo 68:2

> ¡Oh Dios, destruye a mi adversario!

Y por tu misericordia disipará a mis enemigos, y destruirás a todos los adversarios de mi alma, porque yo soy tu siervo. Salmo 143:12

Destruirás a los que hablan mentira; al hombre sanguinario y engañador abominará Jehová. Salmo 5:6

➤ El ángel de Jehová los acose.

Sean como el tamo delante del viento, y el ángel de Jehová los acose. Salmo 35:5

La palabra acosar en el original hebreo, es [*dacha*] que significa: repartir, empujar. Cuando ores dando honor al nombre de Jesús y honres su poder, Dios mandará a su ángel para que empuje y acose al enemigo. ¡Aleluya!

➤ El ángel de Jehová los persiga.

Sea su camino tenebroso y resbaladizo, y el ángel de Jehová los persiga. Salmo 35:6

La palabra "persiga" viene de la raíz en hebreo [*radaph*] que significa perseguir, ir detrás. Esto nos indica que el ángel de Jehová sale a tu defensa en la guerra para perseguir a los enemigos.

➤ ¡Oh Dios, cierra la boca del León!

Mi Dios envió su ángel, el cual cerró la boca de los leones, para que no me hiciesen daño, porque ante él fui hallado inocente; y aun delante de ti, oh rey, yo no he hecho nada malo. Daniel 6:22

Nuestro enemigo actúa como león rugiente. Sus actitudes hacia los hijos de Dios son de:

- traición,
- desgarramiento
- ansia.

Su meta es desmenuzar a los débiles, distraídos, asustados, dudosos, temerosos, apáticos e incrédulos. Por eso es importante que el poder de Dios, "cierre la boca del enemigo" y deje inoperante todo ataque.

El león, con sus garras y con su boca, despelleja a la presa. Así como la serpiente, con su boca pica e injerta veneno de muerte. La táctica del enemigo es como la del león: ataca a la presa débil por sorpresa, y así logra su propósito, que es: robarle la fe a los corazones indiferentes. La táctica del áspid (serpiente) es encantar con sus ojos para aprisionar a su víctima. Ambos tienen un objetivo: ¡matar!

> **¡Oh Dios, que mi enemigo caiga en su propia red!**

Véngale el quebrantamiento sin que lo sepa, y la red que él escondió lo prenda; con quebranta-miento caiga en ella. Salmo 35:8

Toda trampa puesta contra los escogidos de Dios, (si se ora con fe), el Señor la cambiará y la convertirá para aprisionar a los enemigos.

Este ejemplo lo vemos en la horca que preparó Amán para Mardoqueo.

Debido al ayuno que realizó Esther, de tres días junto con todo el pueblo judío, Dios permitió que esa horca cayera en su contra (al final lo que preparo Amán fue para su propia ejecución).

> ### ➤ Despojamos al hombre fuerte y duerme en su sueño

*Los fuertes de corazón fueron **despojados**, durmieron su sueño; no hizo uso de sus manos ninguno de los varones fuertes. A tu reprensión, oh Dios de Jacob, el carro y el caballo fueron entorpecidos. Salmo 76:5, 6*

A través de la Palabra encontramos las armas espirituales para:

- Atar al hombre fuerte
- Paralizarlo
- Entorpecerlo

"Ninguno de los guerreros pudo usar sus manos". Ésta es la expresión del Salmista. Tienes que paralizar las manos, las intenciones y las actitudes del hombre fuerte. Hay que despojarlo y entorpecer sus estrategias de guerra. En el caso del Salmo 76:6, las armas de guerra son sus carros y sus caballos.

Dios estaba mirando desde la nube, como el ejército de Faraón perseguía al pueblo de Dios mientras este atravesaba en seco el mar rojo. Dice la Palabra que YHVH mando torbellino sobre las ruedas de los carruajes de Faraón y las quitó literalmente. ¿Cómo podían entonces, rodar los carruajes sin ruedas? Dios avergonzó al poderoso ejército de Egipto de su propio orgullo (este eran sus carros; la última tecnología del desierto, los mejores en rapidez)

... y quitó las ruedas de sus carros, y los trastornó gravemente. Entonces los egipcios dijeron: Huyamos de delante de Israel, porque Jehová pelea por ellos contra los egipcios. Y Jehová dijo a Moisés: Extiende tu mano sobre el mar, para que las aguas vuelvan sobre los egipcios, sobre sus carros, y sobre su caballería. Éxodo 14:25-26.

Recuerda: El problema no es el enemigo. El ya fue vencido en la cruz del calvario. El problema es tu

mente, piensa eso. Dios lo puede hacer hoy y mil de veces más.

"Ninguno de los guerreros pudo usar sus manos". Estos "hombres fuertes" tienen demonios a sus cargos de menor rango. También guardianes o protectores, que no dejan pasar nada ni nadie, que los pueda entorpecer.

Lo que protegen sobre algo que puede ser una propiedad, un terreno, una herencia retenida, una estatua; es una maldición depositada en un objeto o en un lugar específico.

Los egipcios ponían a su dios Anubis, que presidía las momificaciones y según ellos era guardián habitual de las necrópolis. Se representaba como un chacal negro o como un hombre con cabeza de perro. Guiaba el alma del difunto en el más allá y Protegía el cuerpo como guardián de tesoros en las tumbas de Faraón, después de que éste hubiera sido embalsamado.

Esto nos muestra que detrás de cada estatua, ha habido siempre un "demonio protector". Por esa razón, muchos "buscadores de tesoros", al profanar tumbas y quitar los tesoros, fueron tocados por maldición; (algunos de ellos murieron jóvenes).

Sólo el poder del nombre de Jesús vence las maldiciones. Por tanto, toda persona debe estar bajo la guianza del Espíritu de Dios, y más cuando le quieras arrebatar algo al enemigo, que ha estado bajo maldición. Solo al Señor Jesucristo le fue dado todo poder y autoridad, y esa autoridad fue proporciona-da a sus santos. Por eso enseñó a sus discípulos el secreto de atar y desatar.

El poder de Dios es totalmente real y efectivo, para todos aquellos que son intercesores de guerra en esta hora en que vivimos.

Porque ¿cómo puede alguno entrar en la casa del hombre fuerte, y saquear sus bienes, si primero no le ata? Y entonces podrá saquear su casa. Mateo 12:29

Entes de echar fuera demonios primera-mente debes atarlo en el nombre de Jesús.

> ➤ **Dios herirá la cabeza de mis enemigos.**

Los enemigos del nombre de Jehová son los enemigos de la iglesia. Todo enemigo de Dios se convierte en enemigo del que sigue y sirve al Señor.

Si tú eres la iglesia del Señor, entonces tienes poder para pisar la cabeza de la serpiente; porque Él te dio el poder a través de su nombre maravilloso.

Ciertamente Dios herirá la cabeza de sus enemigos, la testa cabelluda del que camina en sus pecados. Salmo 68:21

> ➢ **Dios me dio la autoridad de perseguir y pisotear**

Jesús también nos habla de perseguir a los enemigos hasta pisotearlos y herirlos, cuando dice: *He aquí os doy potestad de hollar serpientes y escorpiones, y sobre toda fuerza del enemigo, y nada os dañará.* Lucas 10:19

Perseguí a mis enemigos, y los alcancé, y no volví hasta acabarlos. Los herí de modo que no se levantasen; cayeron debajo de mis pies. Pues me ceñiste de fuerzas para la pelea; has humillado a mis enemigos debajo de mí. Has hecho que mis enemigos me vuelvan las espaldas, para que yo destruya a los que me aborrecen. Salmo 18:37-40

> **Desmenuzare y moleré a todo demonio que venga a quererme atacar.**

Mucho antes de Jesús, ya David, inspirado por el Espíritu Santo, hacía guerra, tanto física como espiritual. La acción de desmenuzar y moler a los enemigos, (refiriéndose a los demonios) era una acción espiritual más que física. David siempre usaba el arma de la Palabra de Dios continuamente saliendo de su boca.

Y los molí (desmenucé) como polvo delante del viento; los eché fuera (los arrojé) como lodo de las calles. Salmo 18:42

> **¡Oh Dios, castígalos!**

Veamos este texto en tres traducciones diferentes. Salmo 5:10-12 *¡Qué caigan por sus propias intrigas! ¡Recházalos por la multitud de sus crímenes, porque se han rebelado contra ti! /NVI/ Por la multitud de sus transgresiones échalos fuera, Porque se rebelaron contra ti.* **Castígalos**, *oh Dios; caigan por sus mismos consejos; por la multitud de sus transgresiones échalos fuera, porque se rebelaron contra ti. Pero alégrense todos los que en ti confían; den voces de júbilo para siempre, porque tú los defiendes; en ti se regocijen los que aman* *tu nombre. Porque tú, oh Jehová, bendecirás al justo; como con un escudo lo rodearás de tu favor.*

➤ Los echo fuera

¡Caigan por sus mismas intrigas! Por la multitud de sus transgresiones échalos fuera, porque se rebelaron contra ti. /RV/95

En la oración de guerra, muchas veces se usa esta frase: "echamos fuera todo plan del enemigo contra mi vida, mi familia y la iglesia; echamos fuera todo espíritu de venganza en el nombre de Jesús." Amén.

La acción de "echar fuera", es parte del creer. En el santuario de Dios, (Templo, sinagoga y tabernáculo) cosa inmunda no podía entrar. Tú eres santo para los ojos de Dios así como la Iglesia también es santa. Los demonios son espíritus inmundos, ellos no pueden estar donde está la presencia santa de Dios. Por eso hay que echarlos ¡!!!!fuera!!!!

➤ A filo de espada (la Palabra) caerán.

Cinco de vosotros perseguirán a ciento, y ciento de vosotros perseguirán a diez mil, y vuestros enemigos caerán a filo de espada delante de vosotros. Levítico 26:8

Este texto nos da claridad acerca del poder de la Palabra de Dios tanto como de la importancia de la unidad en la guerra. Uno hace correr a cien, pero dos hacen más que sumar, multiplican y persiguen a diez mil. Por eso la Biblia siempre habla de la importancia de la unidad. Dios mandó de dos en dos a evangelizar. Nunca se habla de ir a la batalla solo. El ponerse de acuerdo con alguien, eso trae poder en la oración.

¡Recuerda! Cuando necesites orar por algo específico, al ponerte de acuerdo con otra persona, la oración será mucho más eficaz.

➢ **El poder de Dios saldrá en mi ayuda**

Jehová Dios mío, en ti he confiado; sálvame de todos los que me persiguen, y líbrame... Salmo 7:1 El Señor se despierta para defender tu causa, se mueve para hacerte justicia. Salmo 35:23

Me librará de todos los que me **persiguen.** Ésta es una promesa maravillosa en la cual tienes que creer con todo tu corazón.

Muévete y despierta para hacerme justicia, Dios mío y Señor mío, para defender mi causa. Salmo 35:23

➢ El Señor disputará mi causa

1. Jehová disputa con los que contra mí contienden.

Disputa, oh Jehová, con los que contra mí contienden... Salmo 35:1

2. Dios mismo **pelea contra** los que contra ti combaten.

...pelea contra los que me combaten. Salmo 35:1

3. Se levanta en **mi ayuda.**

Echa mano al escudo y al pavés, y levántate en mi ayuda. Salmo 35:2

Todas estas declaraciones de fe hechas por los salmistas levantan el alma abatida. El Señor es quien conoce las intenciones más profundas del corazón del hombre. Él es quien ha prometido:

➢ Jehová peleará por ti

*En el lugar donde oyereis el sonido de la trompeta, reuníos allí con nosotros; nuestro Dios **peleará** por nosotros. Nehemías 4:20*

Cuando escuchas y obedeces su voz tienes ventaja hacia el enemigo.

Mi presencia irá contigo y te dará descanso Éxodo 33:14

Orar con la Palabra de Dios es maravilloso porque la estableces en el mundo espiritual. Cree que este es el tiempo de buscar más de la revelación que viene del corazón de Dios para sus escogidos. ¡Él está dispuesto a dártelo!.
Practica con estos textos que leíste anteriormente y ora como el profeta David, (el siervo que tenía un corazón conforme al corazón de Dios).

Te animo que leas la oración en voz alta creyendo que Dios te escucha. ¡Únete a esta oración y recibe la victoria que viene al proclamar la Palabra de Dios escrita!

El Señor dijo: *Clama a mí, y yo te responderé, y te enseñaré cosas grandes y ocultas que tú no conoces Jeremías 33:3*

Oración de Guerra en los Salmos

Dios y Padre, vengo a ti en el nombre de Jesús. Reconociendo que tu nombre está sobre todo poder, dominio y potestad. Me acerco para pedirte que vayas en contra de mis enemigos los cuales son tus enemigos, pues yo soy tu hijo(a).

Avergüenza* y *confunde *todo plan del adversario contra mi vida, mi familia, mi iglesia y la ciudad a la que me has llamado a vivir. Vístanse de **confusión** todos los que persiguen mi alma. Así como me has dado autoridad por tu Palabra de pisar serpientes y escorpiones, yo tomo la autoridad de Jesús y **confundo** a todos los que pelean contra tu causa divina. Sean **vueltos atrás** y **avergonzados** los que buscan mi mal. Ahora mismo, bajo tu autoridad, **rodea** al enemigo y no lo dejes traspasar. Hago una línea de fuego que me protege de todos sus dardos. Como rodeaste a Jerusalén con muros de fuego, de la misma manera, yo rodeo con el fuego de tu Espíritu Santo mi vida, mi familia y mis finanzas.*

***Doblego** toda rebeldía y altivez delante de mi Rey, y declaro que Jesucristo, quien llevó cautiva la cautividad, deja libre a los que están en prisiones de oscuridad en mi familia y ciudad; y que los hijos pródigos regresan al redil. Declaro que ninguna arma forjada contra mí prosperará y condeno toda lengua que se levante contra mí en juicio. Porque ésta es la herencia de los que te sirven con integridad de corazón y rectitud en todos tus caminos. Recibo tu salvación como tú lo prometiste en Isaías 54:17.*

Echo fuera y desarraigo *de mi vida, mi matrimonio y de mis hijos toda raíz de amargura y frustración en tu nombre.* **¡Oh! Dios, somete** *toda rebeldía, entretenimiento y ceguera espiritual que no nos deja discernir las cosas espirituales.* **Dale perpetua afrenta** *al espíritu de divorcio y división, para que sea desarraigado del todo, de nuestra generación y de nuestros hijos, y nunca más pueda manifestarse.*
Señor, envía a tu ángel que acose a todos tus enemigos, que los persiga y disperse, y que caigan en la misma red que han hecho para mí. Porque tuya es la gloria y la honra desde ahora y para siempre, en el nombre de Jesús. Amén.

6

Aprendiendo a Orar con los Salmos

Lidia Zapico

Salmo 83

Oh Dios, no guardes silencio; No calles, oh Dios, ni te estés quieto. 2 Porque he aquí que rugen tus enemigos, Y los que te aborrecen alzan cabeza. 3 Contra tu pueblo han consultado astuta y secretamente, Y han entrado en consejo contra tus protegidos. 4 Han dicho: Venid, y destruyámoslos para que no sean nación, Y no haya más memoria del nombre de Israel. 5 Porque se confabulan de corazón a una, Contra ti han hecho alianza 6 Las tiendas de los edomitas y de los ismaelitas, Moab y los agarenos; 7 Gebal, Amón y Amalec, Los filisteos y los habitantes de Tiro. 8 También el asirio se ha juntado con ellos; Sirven de brazo a los hijos de Lot. Selah 9 Hazles como a Madián, Como a Sísara, como a Jabín en el arroyo de Cisón; 10 Que perecieron en Endor, Fueron hechos como estiércol para la tierra. 11 Pon a sus capitanes como a Oreb y a Zeeb; Como a Zeba y a Zalmuna a todos sus príncipes, 12 Que han dicho: Heredemos para nosotros Las moradas de Dios. 13 Dios mío, ponlos como torbellinos, Como hojarascas delante del viento, 14 Como fuego que quema el monte, Como llama que abrasa *el bosque. 15 Persíguelos así con tu tempestad, Y atérralos con tu torbellino. 16 Llena sus rostros de vergüenza, Y busquen tu nombre, oh Jehová. 17 Sean afrentados y turbados para siempre; Sean deshonrados, y perezcan. 18 Y conozcan que tu nombre es Jehová; Tú solo Altísimo sobre toda la tierra.*

El Espíritu del León

El Salmo 83 se refiere específicamente a la unificación de los perversos reinos que atacaron a Israel y sus alianzas que hicieron con otros reyes. El fin era adquirir más poder uniéndose para vencer al pueblo de Dios. Uno de ellos representa un principado que se ha manifestado en esta hora contra la iglesia y los hijos de Dios. El espíritu de venganza o traición (león) es el que se mueve camuflado para atacar por la espalda. Sus garras y sus dientes están preparados para matar.

En este Salmo, el enemigo de los hijos de Dios, es comparado como león que ruge sobre su presa. El salmista clama para que Dios no esté en silencio, sino que ruga sobre sus enemigos como el verdadero "león de la tribu de Judá".

El león ruge para llamar la atención y hacer notar a todos alrededor que está cerca. El enemigo ruge cuando planea despedazar a alguien. Así es como ataca el enemigo; vociferando, alzando la voz, maldiciendo, amedrentando e infundiendo temor (otras veces despacito al oído).

El rugido del león es comparado en la Biblia al bramido del mar o la tempestad. Cuando la persona se siente rodeada por el enemigo, se usa la expresión: "está pasando por una tormenta espiritual". Aun así, el Señor nos promete estar con nosotros en medio de la tormenta no importando cuan fuerte sea. Por eso Jesús mando callar y enmudecer el rugido de la tormenta y en el momento cesó el viento.

Y levantándose, reprendió al viento, y dijo al mar: Calla, enmudece. Y cesó el viento, y se hizo grande bonanza. Marcos 4:39

Sed sobrios, y velad; porque vuestro adversario el diablo, como león rugiente, anda alrededor buscando a quien devorar; 1 Pedro   5:8

Esta escritura contiene una clara ilustración de una de las manifestaciones destructivas de Satanás como es la del león. Él siempre falsificará las características de Dios para confundir y engañar al ser humano. Él es el imitador del león de Judá que trae sufrimientos y destrucción. El apóstol Pablo también se sintió atacado por este espíritu de muerte.

Pero el Señor estuvo a mi lado, y me dio fuerzas, para que por mí fuese cumplida la predicación, y que todos los gentiles oyesen. Así fui librado de la boca del león. Y el Señor me librará de toda obra mala, y me preservará para su reino celestial. A él sea gloria por los siglos de los siglos. Amén. 2 Timoteo 4:17,18

En este segmento bíblico, el león es símbolo de muerte ya que en esa época eran usados en el coliseo de Roma para devorar a los cristianos. Pablo usa al león como una metáfora de la muerte, y como se sintió atacado bajo un ataque de este espíritu. Satanás es un león que busca traer destrucción a la vida. Hombres y mujeres de Dios cierran la boca del león por medio de la fe como está escrito en Hebreos 11:33.

Una llave para vencer al espíritu del león es a través de la fe. Cuando sientes que un familiar o tu mismo han sido atacados por un espíritu de muerte, clama esta palabra, porque tienes autoridad para cerrar la boca de los leones.

Al contender en contra de espíritus devoradores, se debe orar como lo hizo Daniel. El oró para que el

Señor cerrara la boca de los leones. Estos rugen (intimidan) y devoran (destruyen) con sus bocas y garras. Cuando los creyentes están bajo constantes palabras de intimidación y crítica que traen destrucción, le puedes pedir al Señor que cierre la boca de los espíritus devoradores que están detrás de estos ataques. También le puedes pedir al Señor que envié ángeles que se pongan entre ti y estos espíritus para tu protección y liberación. Puedes profetizar directamente a los lugares celestiales:, en el nombre de Jesús, **que las bocas de estos espíritus y su intimidación son cerradas.**

El león natural y sus costumbres

En el mundo animal, el león, junto con las hembras, forman un gran clan. Las leonas son las que persiguen y atacan a la presa. Así Satanás con sus demonios forman también una banda o cuadrilla bien unida en sus planes de ataque.

Cuando los leones devoran a sus presas, empiezan por el vientre. Tradicionalmente, el vientre es visto como el lugar en donde se encuentra el espíritu del hombre. El objetivo principal del espíritu del león es destruir totalmente el área espiritual del ser humano, dejándolo sin vida espiritual, porque desde ahí es que el Espíritu Santo le da vida y poder. En el pueblo de Dios muchos se han debilitado y cansado dejando morir así su virtud espiritual. Andan dudando y muchas veces negando el poder de la guerra espiritual, del ayuno y de la intercesión; derrotados, incrédulos, cansados y debilitados. Esto da evidencia del rastro del león y su zarpada. Como hemos dicho anteriormente, su meta ha sido siempre atacar, y lo hace especialmente a:

- Los que están distraídos
- Los que se aíslan poco a poco del cuerpo de Cristo.
- Los que prestan oído a palabras llenas de veneno (comentarios y chismes).
- Los que están espiritualmente débiles.

Sacamos en conclusión que el espíritu devorador o de venganza va directamente a las áreas más débiles y vulnerables para atacarlas. Por eso debes cada día apropiarte de la sangre de Jesús y de la armadura, para tu defensa y protección espiritual.

El espíritu del león está ligado muy profundamente a ofensas, confusión, ira, enojo, y engaño. Si te sientes así, es hora de que tomes la victoria en el nombre de Jesús.

Los Espíritus de Venganza

Como ya se había nombrado anteriormente en este libro, en Jeremías 5:6 están descritos los espíritus de venganza. Uno de ellos es el del león de la selva, cuya función es matar (muy similar al áspid o serpiente del desierto). Los otros son: el lobo del desierto (que ataca en la noche) y el leopardo que "asecha la presa"

El que se debilite o se salga del camino de Dios o de su protección, será atacado por estos espíritus.

Se debe tener presente que el enemigo ya está derrotado y vencido. Solo puede atacar y lograr penetrar en tu área, cuando por tu boca o acciones, abres una puerta. En tus oraciones, en tu mente y en tus palabras diarias, ¡minimízalo!

La Palabra sale como espada de la boca de Dios. Por ella se hicieron los cielos, la tierra y todo lo creado. La Palabra tiene vida y poder.
Muchas personas, contrariamente a Dios Creador, hablan por su boca palabras negativas las cuales no están alineadas con la verdadera Palabra viva de Dios. Todo lo que es contrario a lo que Dios dice, es opuesto, y procede del enemigo.

Las palabras de los hijos de Dios no pueden agrandar la conspiración de los demonios, ya que lo que se logra es alinearse del lado de ellos en vez del lado de Dios. Cada persona debe tener cuidado y pensar antes de hablar, para usar la expresión correcta y así restarle poder y debilitar la obra del diablo en vez de darle fuerzas.

Nunca exaltes al enemigo ni le des más poder del que tiene.

…Y los que te aborrecen alzan cabeza. Contra tu pueblo han consultado astuta y secretamente, Y han entrado en consejo **contra tus protegidos.** *Han dicho: Venid, y destruyámoslos para que no sean nación, Y no haya más memoria del nombre de Israel. Porque se* **confabulan de corazón** *a una, Contra ti han hecho alianza. Salmo 83: 2-5*

Detrás de toda confabulación unida, se mueve el espíritu de altivez y soberbia. Dice en Isaías 2:11 *que la altivez de los ojos del hombre será abatida y la soberbia de los hombres será humillada; y Jehová solo será exaltado.* Al final del Salmo, nos dice que el Señor Dios toma venganza de este espíritu profanador de orgullo. Toma este versículo y utilízalo para romper toda confabulación de altivez contra tu vida.

Cuando se unen más de uno con malas intenciones, esto es considerado como una conspiración o trampa planeada. A pesar de esto, el Salmo declara que los santos serán guardados de todo peligro. Aunque la conspiración que se habla en este Salmo es planeada directamente contra Israel como nación, la iglesia es el Israel espiritual.
En el presente, ella también recibe estas conspiraciones, a través de los medios de comunicación, películas, sociedades secretas, sectas e ideologías opuestas.

El Señor no ignora palabras habladas en secreto en contra de su pueblo. Cada conspiración echa hacia los hijos de Dios, en el verso 5, expresa que son echas directamente contra el Señor mismo. *Porque se confabulan de corazón a una, Contra ti han hecho alianza Salmo 83:5*

El Salmo 64, escrito por David es muy similar a este Salmo (escrito por Asaf). David también hace una oración a Dios por ayuda contra sus enemigos. Si has estado experimentando últimamente ataques del enemigo, recuerda que puedes orar este Salmo en voz alta:

Salmo 64

1 Escucha, oh Dios, la voz de mi queja; Guarda mi vida del temor del enemigo. 2 Escóndeme del consejo secreto de los malignos, De la conspiración de los que hacen iniquidad, 3 Que afilan como espada su lengua; Lanzan cual saeta suya, palabra amarga, 4 Para asaetear a escondidas al íntegro; De repente lo asaetean, y no temen. 5 Obstinados en su inicuo designio, Tratan de esconder los lazos, Y dicen: ¿Quién los ha de ver? 6 Inquieren iniquidades, hacen una investigación exacta; Y el íntimo pensamiento de cada uno de ellos, así como su corazón, es profundo. 7 Mas Dios los herirá con saeta; De repente serán sus plagas. 8 Sus propias lenguas los harán caer; Se espantarán todos los que los vean. 9 Entonces temerán todos los hombres, Y anunciarán la obra de Dios, Y entenderán sus hechos. 10 Se alegrará el justo en Jehová, y confiará en él; Y se gloriarán todos los rectos de corazón.

El salmista nombra uno por uno los enemigos del pueblo de Israel. Entre ellos se encuentran los moabitas, por los cuales el pueblo de Dios se contaminó. Dios mandó juicio contra Moab a causa de eso.

Porque la mano de Jehová reposará en este monte; pero Moab será hollado en su mismo sitio, como es hollada la paja en el muladar. Y extenderá su mano por en medio de él, como la extiende el nadador para nadar; y abatirá su soberbia y la destreza de sus manos. Y abatirá la fortaleza de tus altos muros; la humillará y la echará a tierra, hasta el polvo. Isaías 25:10-12.

Las tiendas de los edomitas y de los ismaelitas, Moab y los agarenos; Gebal, Amón y Amalec, Los filisteos y los habitantes de Tiro. También el asirio se ha juntado con ellos; Sirven de brazo a los hijos de Lot. Selah Hazles como a Madián, Como a Sísara, como a Jabín en el arroyo de Cisón; Que perecieron en Endor, Fueron hechos como estiércol para la tierra. Pon a sus capitanes como a Oreb y a Zeeb; Como a Zeba y a Zalmuna a todos sus príncipes, Salmo 83:6-11

Los ismaelitas son los descendientes de Ismael, que el hijo que Abraham tuvo con la esclava Agar. (Los ismaelitas son los hijos del desierto y son doce tribus, hasta el día de hoy sigue siguen siendo enemigos acérrimos de Israel)

Los edomitas, que más tarde hicieron alianza contra Israel con los asirios; eran hombres feroces y sanguinarios. Los edomitas eran descendientes de Lot, raza que se levantó rebelde y resistente a la autoridad divina.

También en este salmo se nombra a los de Gebal, que eran traicioneros, aliados de los fenicios.

A los amalecitas, descendientes de Esaú (hermano de Jacob), los cuales eran acérrimos enemigos del pueblo de Israel. Josué peleó contra los amalecitas apoyado por Moisés mientras que este estaba en el monte intercediendo por la victoria. Después de la victoria Moisés levantó un altar a Dios. Esto representa que estaba reconociendo que solo por la presencia de Dios el pueblo de Israel alcanzo el triunfo.

Cada vez que tengas que ganar una batalla sube a la presencia de Dios con adoración y búsqueda y veraz que la victoria será tuya.

Por cuanto la mano de Amalec se levantó contra el trono de Jehová, Jehová tendrá guerra con Amalec de generación en generación. Éxodo 17:16

Amalec es el enemigo directo del pueblo de Dios. Este espíritu representa la carne de las personas; su yo, así como su naturaleza caída. El amalecita es reconocido por Dios mismo como "anatema". Esta palabra significa, "ser maldito" o "maldito de Dios". Representa "la carne" que siempre se levanta contra el creyente. Por eso el Señor Jesús dijo a todos aquellos que querían ser sus discípulos que era necesario tomar su cruz y seguirle en todos sus pasos, para ser merecedor de Él. (Mateo 10:38).

Al tomar la cruz, estamos crucificando (matando) cada día a nuestra propia carne. Voluntariamente tú tienes que entregarte en sacrificio vivo diariamente ante el altar de Dios. Ten presente que en la cruz del calvario Jesús rompió toda maldición, es allí donde cada cristiano vence a su propio Amalec.

El ataque sagaz de Amalec en contra de los débiles en la retaguardia se relaciona muy directamente al ataque del león del cual ya hemos mencionado. Los amalecitas tomaban fuerza porque se aliaban con otros enemigos de Israel y atacaban por la espalda. (Jueces 3:13)

Acuérdate de lo que hizo Amalec contigo en el camino, cuando salías de Egipto; de cómo te salió al encuentro en el camino, y te desbarató la retaguardia de todos los débiles que iban detrás de ti, cuando tú estabas cansado y trabajado; y no tuvo ningún temor de Dios. Deuteronomio 25:17-18

Los filisteos eran enemigos de Israel. Ellos tenían cinco príncipes que representan cinco principados. Los dioses de los filisteos eran Dagón (mitad hombre y mitad pez,) y Baal-zebub (señor de las moscas o de las puertas abiertas). Los filisteos atacaban cuando Israel caía en idolatría con dioses falsos. Eso permitía que se abrieran puertas al enemigo. (Jueces 10:6-7)

Otro de los enemigos de Israel que el salmista nombra son los amonitas. Estos hicieron alianza con los filisteos para atacar a Israel. El principal dios de los amonitas era Moloc, dios del fuego, al cual le sacrificaban niños.

Uno de los últimos enemigos de Israel nombrados en el salmo fueron los asirios; mencionados en el versículo 8. Éstos ayudaron a los hijos de Lot (edomitas) a pelear contra Israel. Este ejemplo nos hace ver, como los enemigos se unen, para tomar fuerza contra el pueblo de Dios. Para deshacer toda confabulación de los enemigos de la iglesia, se debe orar y actuar en pos de la unidad.

Amalec es considerado como cabeza de las naciones paganas, *"mas al fin perecerá para siempre"*. (Números 24:20)

Ponte de acuerdo con alguien que tenga tu misma meta o visión para que la oración sea más poderosa.

El salmista Asaf (director de los músicos) le recuerda al Señor como estos enemigos se levantaron en el pasado contra el pueblo de Dios. Aunque cada uno de ellos eran reyes físicos, representan potestades espirituales.

Asaf clama a Dios diciendo:

- *Dios mío, ponlos como torbellinos,*
- *Como hojarascas delante del viento,*
- *Como fuego que quema el monte.*
- *Como llama que abrasa el bosque.*
- *Persíguelos así con tu tempestad, Y atérralos con tu torbellino.*
- *Llena sus rostros de vergüenza, Y busquen tu nombre, oh Jehová.*
- *Sean afrentados y turbados para siempre;*
- *Sean deshonrados, y perezcan.*

Y conozcan que tu nombre es Jehová; Tú solo Altísimo sobre toda la tierra. Salmo 89:13-18

Lidia Zapico

Oración de Guerra en los Salmos

7

Un Análisis del Salmo 74

Lidia Zapico

Salmo 74

¿*P*or qué, oh Dios, nos has desechado para siempre? ¿Por qué se ha encendido tu furor contra las ovejas de tu prado? 2 Acuérdate de tu congregación, la que adquiriste desde tiempos antiguos, La que redimiste para hacerla la tribu de tu herencia; Este monte de Sion, donde has habitado. 3 Dirige tus pasos a los asolamientos eternos, A todo el mal que el enemigo ha hecho en el santuario. 4 Tus enemigos vociferan en medio de tus asambleas; Han puesto sus divisas por señales. 5 Se parecen a los que levantan El hacha en medio de tupido bosque. 6 Y ahora con hachas y martillos Han quebrado todas sus entalladuras. 7 Han puesto a fuego tu santuario, Han profanado el tabernáculo de tu nombre, echándolo a tierra. 8 Dijeron en su corazón: Destruyámoslos de una vez; Han quemado todas las sinagogas de Dios en la tierra. 9 No vemos ya nuestras señales; No hay más profeta, Ni entre nosotros hay quien sepa hasta cuándo. 10 ¿Hasta cuándo, oh Dios, nos afrentará el angustiador? ¿Ha de blasfemar el enemigo perpetuamente tu nombre? 11 ¿Por qué retraes tu *mano? ¿Por qué escondes tu diestra en tu seno? 12 Pero Dios es mi rey desde tiempo antiguo; El que obra salvación en medio de la tierra. 13 Dividiste el mar con tu poder; Quebrantaste cabezas de monstruos en las aguas. 4 Magullaste las cabezas del leviatán, Y lo diste por comida a los moradores del desierto. 15 Abriste la fuente y el río; Secaste ríos impetuosos. 16 Tuyo es el día, tuya también es la noche; Tú estableciste la luna y el sol. 17 Tú fijaste todos los términos de la tierra; El verano y el invierno tú los formaste. 18 Acuérdate de esto: que el enemigo ha afrentado a Jehová, Y pueblo insensato ha blasfemado tu nombre. 19 No entregues a las fieras el alma de tu tórtola, Y no olvides para siempre la congregación de tus afligidos. 20 Mira al pacto, Porque los lugares tenebrosos de la tierra están llenos de habitaciones de violencia. 21 No vuelva avergonzado el abatido; El afligido y el menesteroso alabarán tu nombre. 22 Levántate, oh Dios, aboga tu causa; Acuérdate de cómo el insensato te injuria cada día. 23 No olvides las voces de tus enemigos; El alboroto de los que se levantan contra ti sube continuamente.*

v.1 Dios y pastor nuestro ¿Por qué nos rechazas? [Versión Traducción del lenguaje actual Sociedades Bíblicas]

El cántico de Asaf comienza reconociendo que Dios es el pastor de las ovejas de Israel. Le recuerda a

Dios su oficio de buen cuidador de cada uno de los componentes de su pueblo. El pastor protege a las ovejas de los depredadores y las cuida en todo momento para que ninguna se pierda.

Su canto Profetiza la futura destrucción del "santuario de Jehová" y pide a Dios que recuerde sus pactos pasados con sus hijos (las ovejas de su pastizal).

v. 2. Acuérdate... La que redimiste... Para hacerla tribu de tu herencia.

Este Salmo atrae la atención a Dios para que se acuerde de sus promesas dadas en la antigüedad. Cuando nosotros le hacemos recordar su Palabra, damos testimonio que creemos en:

- Su fidelidad.
- Que sus promesas no pasan al olvido porque Él no se muda ni cambia
- Le gusta que confiemos en Él totalmente y sepamos fielmente que lo que Él habló lo cumplirá.
- Él vive en la eternidad y un día para Él son como mil días para nosotros.

Este tipo de fe es la agradable a Dios. Los que conocen al Señor saben que sus dichos son fieles y verdaderos y perduran para siempre.

La palabra *"la que redimiste"* está en femenino y se está refiriendo a Israel como la esposa de Jehová. Además, el verbo *"redimiste"* esta en termino pasado. De la misma forma, la iglesia fue redimida en la cruz del Calvario hace miles de años atrás.

Dios nos quiere hacer parte de su herencia y creer en Él nos ayudará a crecer y afirmar nuestra fe. Si el Padre nos escoge para ser partícipes de la herencia de su hijo, eso nos llevará a ser parte de su gloria venidera.

…La que redimiste para hacerla la tribu de tu herencia; Este monte de Sion, donde has habitado. v.2

El Monte de Sión representa dos cosas: La morada de Dios en el monte más alto del tercer cielo y el monte físico, que literalmente está ubicado en Jerusalén. El monte de Sion fue donde el rey David entró con el arca de Dios, (presencia del Dios altísimo) y levanto tienda para Él morar.

Cuando le recordamos a Dios sus promesas, debemos saber que estamos en el monte santo frente a su presencia.

Dirige tus pasos a los asolamientos eternos, (presencia corporal de Dios) *A todo el mal que el enemigo ha hecho en el santuario* (representa la vida del creyente, el cual es templo del Espíritu Santo). *v.3*

El salmista le recuerda a Jehová que los escogidos son el santuario de Dios, donde Él mismo habita (en donde está su templo santo ahí vendrá a morar). Dios es el que sana y restaura todo el mal que el enemigo ha dañado al cuerpo, alma y espíritu. Cada hijo de Dios es el templo de su morada.

La oración hecha por el salmista pide esta restauración. Aún si se está débil o enfermo, Dios nos sana y nos fortalece.

En estos tiempos tenemos que pedir constantemente que su presencia descienda sobre nosotros y así recibir las fuerzas necesarias para seguir en la batalla de esta vida.

Siglo tras siglo, Israel fue testigo de las destrucciones y devastaciones que recibió.

Primeramente al templo y sucesivamente a las sinagogas. El salmista apela a que recuerde cómo han sido quemados y saqueados los santuarios de Dios (v. 4-6).

4 Tus enemigos vociferan en medio de tus asambleas; Han puesto sus divisas por señales. 5 Se parecen a los que levantan El hacha en medio de tupido bosque. 6 Y ahora con hachas y martillos Han quebrado todas sus entalladuras. 7 Han puesto a fuego tu santuario, Han profanado el tabernáculo de tu nombre, echándolo a tierra. 8 Dijeron en su corazón: Destruyámoslos de una vez; Han quemado todas las sinagogas de Dios en la tierra.

Toda obra delicada hecha por el Espíritu Santo en las vidas se compara a la labor del trabajo del artífice especializado en madera. Así como los carpinteros que trabajaron con arte y dedicación haciendo los entallados y los grabados en las cornisas del santuario de Dios. La envidia del enemigo siempre ha procurado destruir esta obra delicada y a usado (como especifica el Salmo) hachas, martillos y el fuego. Este es el espíritu de persecución contra los hijos de Dios.

Es importante que mantengas siempre las puertas cerradas para que el enemigo no destruya la obra perfecta, que con tanto amor las manos del gran artífice, el Espíritu Santo, ha trabajado en tu vida.

La confabulación secreta de los enemigos de Dios siempre será para planear como poder destruir la obra de Dios (la iglesia).

10 ¿Hasta cuándo, oh Dios, nos afrentará el angustiador? ¿Ha de blasfemar el enemigo perpetuamente tu nombre?

El tiempo de nuestra liberación esta cerca. Dios es un Dios misericordioso. El salmista estaba llamando la atención de Dios, mientras que a la vez, estaba realizando un llamado profético de lo que le acontecería a Israel

La iglesia también gime para ver el día de la redención; el momento glorioso cuando Cristo venga y establezca la paz sobre las naciones.

9 No vemos ya nuestras señales; No hay más profeta, Ni entre nosotros hay quien sepa hasta cuándo.

Israel estaba sin voz de profeta. Se sentía abandonado. Cuando no se oye la voz de Dios, eso trae al alma desasosiego. Muchas veces es como si Dios se quedase callado por un tiempo.

11 ¿Por qué retraes tu mano? ¿Por qué escondes tu diestra en tu seno?

Asaf oraba que Dios no escondiera su mano, sino que más bien la sacara de su seno. El conocía el poder que tenía su Dios cuando entraba en acción.

Clama sin dudar para que Dios se levante y actúe a tu favor.

12. Más Dios es mi rey desde tiempos de antaño el que obra actos de salvación en medio de la tierra.

El salmista recuerda que no importa cuán lejos fue su visitación poderosa hacia el pueblo de Israel, el hoy de Dios siempre traería salvación y vida.

Su salvación siempre está presente en la tierra. Pídela y ora como el salmista para que se manifieste sobre tu familia y nación.

13 Tú dividiste con poder el mar.

Hay un secreto en el acto de la repartición. Dios separó la luz de las tinieblas, el día de la noche, las aguas de la tierra, el salvo del perdido. Dios es el Dios del orden, la mezcla es turbia y da una imagen de inseguridad. El orden trae diferencia y este se establece a través de la separación.

La obra maravillosa de Dios de separar el mar rojo, se realizo con el propósito que el pueblo cruzase en seco y llegase al otro lado. Los cambios y las transformaciones en Dios se deben de realizar para llegar a las metas. ¡Dios siempre dará la salida a sus escogidos!

Faraón dependía de muchos dioses para ejercer su poder. Dos de estos que estaban relacionados con el rio Nilo y el cocodrilo eran *Hapi* y *Sobek* respectivamente.

Jehová le iba a demostrar a su pueblo Israel y a los egipcios que su poder y señales serian visibles y convincentes.

Por medio de la separación de las aguas del mar rojo, Dios estaba dando una señal espiritual que Él dividiría la magia de Egipto del poder de Dios. Esto aseguraría a todos su gran poder a través de su nombre revelado a Moisés el gran YO SOY. Jehová estaba por encima del poder de todos los dioses de Egipto.

Dios separó para dejar pasar en seco a sus hijos el camino al otro lado. En este Salmo Asaf estaba profetizando para todas las edades, que Jehová puede secar las aguas del Leviatán; (El poder del dios de este siglo) y hacer que su pueblo vaya hacia la victoria caminando por encima de los problemas.

Este es el tiempo de no contaminarse con las vanidades y la soberbia del mundo, para vencer el espíritu que rige al mundo (el anticristo).

Cada soldado de Cristo debe aprender en estos días a caminar por fe como Cristo lo hizo cuando camino sobre las aguas. Ese acto profético, mostro a sus discípulos, que su autoridad estaba por encima de todo principado marino.

13... Quebrantaste cabezas de monstruos en las aguas.

No solo revela este Salmo que en el mar hay varios principados en actividad diaria, sino que hay uno (leviatán) que tiene muchas cabezas.

14 Magullaste las cabezas del leviatán, Y lo diste por comida a los moradores del desierto.

Dentro de los muchos monstruos de los mares hay uno (leviatán) que tiene muchas cabezas, mas todas ya fueron aplastadas por el vencedor y tiro los pedazos de las mismas al desierto donde habitan los demonios. (Lugares secos donde no habita la presencia de Dios).

Cada uno de los espíritus que se mueven en las masas de las aguas, (mundo) ya han sido quebrantados, por Cristo en la cruz del Calvario.

Este versículo debe ser de inspiración para toda persona que conoce los espíritus ancestrales generacionales de orgullo, que oprimen a su generación para levantar una oración declarando su derrota. Debes de reclamar las promesas porque estas te llevaran con victoria al otro lado.

15 Abriste la fuente y el río; Secaste ríos impetuosos.

Aun en el desierto donde el pueblo de Dios anduvo, Dios hizo el milagro y les dio a beber agua de la roca. Jesucristo era ya la fuente de vida eterna que sacia la sed del necesitado. Hay un rio que Dios abre y es el de la abundancia en medio de la prueba. Así como hace brotar las bendiciones para ti, de la misma forma, reclama que se sequen las aguas turbulentas en tu vida, para que se vaya la inmundicia.

Jesús le habló a la tormenta y le dijo: calla y enmudece. A veces los ríos impetuosos se levantan por la influencia de los vientos contrarios provocados por las obras de maldad, pero en esta hora le puedes hablar al problema y paralizarlo, como Cristo lo hizo.

Tú, el que afirma los montes con su poder, Ceñido de valentía; El que sosiega el estruendo de los mares, el estruendo de sus ondas, Y el alboroto de las naciones. Salmo 65:6-7

Dos eran los enemigos de la disertación del salmista, el enemigo blasfemando contra los hijos de Dios y un pueblo ignorante de sus maravillas.

19 No entregues a la fiera el alma de tu tórtola,

Y no olvides para siempre la congregación de tus afligidos.

El salmista reconoce al alma del Hijo de Dios como una paloma, pura, indefensa, sin grandes posibilidades de protección. La figura espiritual se puede ver con un gran desbalance; una paloma casi indefensa frente a una fiera salvaje. Eso denota la desigualdad de los oponentes.

20 Mira al pacto, Porque los lugares tenebrosos de la tierra están llenos de habitaciones de violencia.

Que provechoso es recordarle a Dios el pacto que hizo a favor de sus hijos. Cuanto más glorioso es el Nuevo Pacto que ahora nosotros le podemos reclamar al Padre. Este fue hecho por la sangre y el cuerpo de Cristo, el Cordero de Dios.

Cuando te pones bajo el poder de la cruz recibes todos los beneficios realizados a tu favor del Calvario.

22 Levántate, oh Dios, aboga tu causa…

Esa es una posición de acción. Cuando Dios se pone en pie el enemigo tiembla y tiene que huir. Es como si le dijera a Dios: aboga "tu causa"…yo tu hijo soy tu causa, Yo no te injurio como el necio lo hace, te reconozco como mi mejor defensor
Cristo es nuestro abogado y debes de creer que El resolverá tu causa; si eres fiel saldrá en tu defensa. Este texto nos enseña que la acusación al pueblo del Señor es también el cargo para nuestro Dios. Cada acusación a un hijo es como si se lo hicieran al Padre. Por eso si eres hijo verdadero el Padre te saldrá en tu defensa.

No dudes de poner este Salmo delante del Señor cada vez que el enemigo se levante contra ti.

Haciendo que Nuestros Enemigos se Postren Delante de Dios

Exaltad a Jehová nuestro Dios, Y postraos ante el estrado de sus pies; El es santo. Salmo 99:5

Este versículo exhorta a postrarse delante de Dios porque El es grande, único y santo. El doblarse en el sentido físico representa reconocimiento y humillación delante de Él.

En el Salmo 72 dice:
9 Ante él se postrarán los moradores del desierto, Y sus enemigos lamerán el polvo.

Éstos son los que viven sin su presencia en lugares secos, que representan a los demonios y aquellos que les siguen, viviendo sin Dios y sin esperanza. Un día se cumplirá esta palabra y se postrarán delante del Señor.

11 Todos los reyes se postrarán delante de él; Todas las naciones le servirán.

Los reyes de la tierra son aquellos que tampoco han reconocido al único Rey y Salvador mientras tuvieron la oportunidad de gobernar, sino que la posición de altura que ejercían sobre los demás (aunque no reconocían que era dada por Dios) hicieron que sus corazones se enaltecieran.

Aun la sociedad prefiere creer en la enseñanza del humanismo que exalta al hombre y a sus propias capacidades, antes que al Creador. La palabra dice que un día, todos le reconocerán y se arrodillaran delante de Él.

El Salmo 22:29 dice:

- *"todos los que descienden al polvo"*
- *"todos los términos de la tierra",*
- *"todas las familias de las naciones", todos los grandes",*
- *"todos los que descienden al polvo"…se postraran!*
- *Ángeles, Estrellas del cielo, Sol y luna, Cielos de los cielos, Las aguas que están sobre los cielos (Salmos 148); Ejercito de Jehová.*
- *Casa de Jacob, Casa de Israel*

No va a ver ninguna criatura que deje de postrarse delante de Dios y su Hijo Jesucristo

- *A Jehová tu Dios temerás y a Él solo servirás, (Al Señor tu Dios adoraras y a Él solo servirás).*
- *Hablamos a Israel no confíes en Egipto ni en caballos, Póstrate Israel delante del Señor tu Dios*

- *Reyes y reinos de la tierra se postran delante Jehová; Principados y potestades lo harán también*
- *Póstrense a Él todos los dioses. Salmo 97:7; postraos ante el estrado de sus pies; El es santo. Moisés y Aarón entre sus sacerdotes, Y Samuel entre los que invocaron su nombre; Invocaban a Jehová, y él les respondía. Salmos 99*
- *Y postraos ante su santo monte, Porque Jehová nuestro Dios es santo. Salmos 148*
- *Todos los abismos*
- *Los monstros marinos*
- *El fuego y el granizo, la nieve y el vapor,*
- *El viento de tempestad que ejecuta su palabra;*
- *Los montes y todos los collados;*
- *El árbol de fruto y todos los cedros;*
- *La bestia y todo animal; Reptiles y volátiles;*
- *Los príncipes y todos los jueces de la tierra;*
- *Los jóvenes y también las doncellas;*
- *Los ancianos y los niños.*

Alaben el nombre de Jehová, Porque sólo su nombre es enaltecido. Su gloria es sobre tierra y cielos. El ha exaltado el poderío de su pueblo; Alábenle todos sus santos, los hijos de Israel, El pueblo a él cercano. Aleluya. Salmo 148

La iglesia tiene autoridad para proclamar y hacer que toda criatura se postre delante de la majestad de Dios.

Cuando proclamamos la Palabra le estamos recordando al enemigo (y a todo el mundo espiritual) que deben de postrarse, delante del Señor Jesús.
Jesús al final de sus cuarenta días de ayuno, le recuerda a Satanás que solo a Dios tendrá que servir. Y le dijo: ... *al Señor tu Dios adorarás y a Él solo servirás. Mateo 4: 9-10.*

También durante su ministerio los demonios se postraban gritando delante de Él.

...los espíritus inmundos, al verle, (Jesús) **se postraban delante de él**, *y daban voces, diciendo: Tú eres el Hijo de Dios. Marcos 3:11* Y

9 Por lo cual Dios también le exaltó hasta lo sumo, y le dio un nombre que es sobre todo nombre, 10 para que en el nombre de Jesús se **doble toda rodilla** *de los que están en:*

1. *los cielos,*
2. *y en la tierra,*
3. *y debajo de la tierra;*

y toda lengua **confiese** que Jesucristo es el Señor, para gloria de Dios Padre. Filipenses 2:9-11.

¡Es hora que pongas a todos tus enemigos postrados delante de tu Señor!
Salmo 18

32 Dios es el que me **ciñe de poder**, Y quien hace perfecto mi camino; 33 Quien hace mis **pies como de ciervas**, Y me hace estar firme sobre mis alturas; 34 Quien **adiestra mis manos** para la batalla, Para entesar con mis brazos el arco de bronce. 35 Me **diste asimismo el escudo** de tu salvación; Tu diestra me sustentó, Y tu benignidad me ha engrandecido. 36 **Ensanchaste** mis pasos debajo de mí, Y mis pies no han resbalado. 37 **Perseguí a mis enemigos**, y los alcancé, Y no volví hasta acabarlos. 38 **Los herí de modo que no se levantasen; Cayeron** debajo de mis pies. 39 Pues **me ceñiste de fuerzas** para la pelea; Has humillado a mis enemigos debajo de mí. 40 Has hecho que mis enemigos me vuelvan las espaldas, Para que yo destruya a los que me aborrecen. 41 Clamaron, y no hubo quien salvase; Aun a Jehová, pero no los oyó. 42 Y **los molí** como polvo delante del viento; Los eché fuera como lodo 43 Me has librado de las contiendas del pueblo; Me has hecho cabeza de las naciones 34 Quien adiestra mis manos para la batalla, Para entesar con mis brazos el arco de bronce. 35 Me diste asimismo el escudo de tu

salvación; Tu diestra me sustentó, Y tu benignidad me ha engrandecido. 36 Ensanchaste mis pasos debajo de mí, Y mis pies no han resbalado.

Lidia Zapico

8

Cómo Reclamar mi Ciudad para Cristo

Lidia Zapico

Porque Jehová el Altísimo es temible; Rey grande sobre toda la tierra. Él someterá a los pueblos debajo de nosotros, y a las naciones debajo de nuestros pies. *Salmo 47:2, 3*

El Llamado Divino para esta Hora

En esta hora en que vivimos, Dios ha intensificado el llamado a los valientes para pelear la batalla por la fe. Él es el único que tiene voz de mando, de arcángel y de trompeta de Dios. Trayendo unidad en las mentes y corazones de todo hombre y mujer que en esta hora están listos en su espíritu, para realizar esta encomienda.

El profeta Joel dice:

Proclamad esto entre las naciones, proclamad guerra, despertad a los valientes, acérquense, vengan todos los hombres de guerra. Forjad espadas de vuestros azadones, lanzas de vuestras hoces; diga el débil: Fuerte soy. Juntaos y venid, naciones todas de alrededor, y congregaos; haz venir allí, oh Jehová, a tus fuertes. Joel 3:9-11

Sabemos que esta profecía se cumplirá literalmente antes que el Rey Jesús instale su reino en la tierra. La iglesia ya está en guerra espiritual porque ese día glorioso se acerca.

Nadie puede dormir cuando se está en guerra. El llamado es a velar sin desmayar. Aquellos que son audaces en el Espíritu y han entendido la hora profética en la que están viviendo, conocen el tiempo de Dios y la autoridad que les fue delegada por Jesús.
El actuar en fe, en este tiempo, es parte de este desenvolvimiento.

Lamentablemente, pocos atienden a este llamado del Espíritu de Dios. Él está llamando día tras día a más creyentes a alistarse en su ejército y a orar a toda hora (especialmente en la madrugada).

La santa convocación siempre ha estado en pie. Ya el Señor Jesús lo estableció cuando dijo "velad y orad", (Marcos 13:33) este es el tiempo. ¡Debemos considerarlo y ponerlo por práctica!

"Despertad a los valientes", es un llamado que sólo el Espíritu de Dios lo hace. Los verdaderos valientes no lo cuestionan, sino que lo creen y actúan.

Se envuelven en el llamado de la Palabra porque conocen el poder que ella tiene. Lo hacen porque han sido llamados para llevar a cabo el propósito de Dios en su vida. El sólo proclamarla en voz alta, hace temblar al enemigo y activa a los ángeles del Señor.

El Espíritu de Dios está llamando a los valientes, pues el tiempo es breve y sólo los que estén apercibidos entenderán, y su entendimiento se multiplicará como está escrito en Daniel. *...y ninguno de los impíos entenderá, pero los entendidos comprenderán. Daniel 12:10*

Si tú estás leyendo este libro, es con un propósito divino para que creas y entres a ser partícipe de los valientes de esta hora.
Por tal motivo, ora declarando la Palabra de Dios en voz alta y proclama con fe lo que te pertenece en Cristo.

La Palabra nos dice que los valientes arrebatan el reino (Mateo 11:12). Jesús se refirió en este pasaje a la intensidad de la guerra espiritual que rodeaba su ministerio y la fuerza y perseverancia requerida para que los llamados tomaran el reino (Si quieres leer más acerca de este tema puedes leer el libro *"Posee lo Prometido"* por los autores José & Lidia Zapico).

A medida que se acerca la venida del Señor, también se acerca el "día de Jehová", y Dios está preparando, por medio de su Espíritu, hombres y mujeres valientes, llenos de su poder para arrebatar las almas de la esclavitud del enemigo y proclamar que son para el Rey de reyes y Señor de señores.

Como valientes correrán, como hombres de guerra subirán el muro; cada cual marchará por su camino, y no torcerá su rumbo. Ninguno estrechará a su compañero, cada uno irá por su carrera; y aun cayendo sobre la espada no se herirán. Irán por la ciudad, correrán por el muro, subirán por las casas, entrarán por las ventanas a manera de ladrones. Delante de él temblará la tierra, se estremecerán los cielos… Joel 2:7-10

Conquista de las Ciudades en los Tiempos Antiguos

En la antigüedad, las ciudades tenían murallas y fortalezas para protegerlas. Cuando venia el enemigo a tomar la ciudad, se asignaban hombres para que hicieran pozos y hoyos profundos alrededor de los muros, con el propósito de debilitar el fundamento de las murallas y en algunas ocasiones estas se derrumbaban. Una vez hechos estos pozos, (también alrededor de la puerta principal y sus bases de fundamento) venían los guerreros con las catapultas y atacaban con fuerza las torres y murallas, derribándolas con más facilidad y rapidez. En el mundo espiritual, esto funciona de la misma manera. Nuestro enemigo toma ventaja y trata de atacar las áreas más débiles del ser humano. El enemigo usa esa táctica para debilitar la muralla que rodea la iglesia, que es la unidad en el Espíritu, levantando divisiones, contiendas y chismes.

Lo primero que atacará el enemigo para debilitar la iglesia es el grupo de intercesión. Cuando el grupo de intercesión está fuerte y unido en un sólo Espíritu, se puede salir y orar declarando la Palabra en lugares específicos.

De la misma manera que el enemigo busca debilitar la iglesia, esta puede hacer lo mismo a su oponente. La clave es usar la Palabra para debilitarlo y derribar así las fortalezas de maldad.

Si leemos en Isaías 24:17-19, vemos algo importante: *Terror, foso y red sobre ti, oh morador de la tierra. Y acontecerá que el que huyere de la voz del terror caerá en el foso; y el que saliere de en medio del foso será preso en la red; porque de lo alto se abrirán ventanas, y temblarán los cimientos de la tierra. Será quebrantada del todo la tierra, enteramente desmenuzada será la tierra, en gran manera será la tierra conmovida.*

- ➢ Proclama que haces fosos alrededor de la ciudad y debilita el poder del enemigo que tiene cautivas las almas de la ciudad.
- ➢ Manda terror sobre los demonios que están aprisionando las almas.
- ➢ Declara, que tiras red y que los atrapas en ella. ¡En el nombre de Jesús!

Lee esta palabra de fe y proclámala:

Tomadas serán las ciudades, y tomadas serán las fortalezas; y será aquel día el corazón de los valientes de Moab como el corazón de mujer en angustias. Y Moab será destruido hasta dejar de ser pueblo, porque se engrandeció contra Jehová. Miedo y hoyo y lazo contra ti, oh morador de Moab, dice Jehová. El que huyere del miedo caerá en el hoyo, y el que saliere del hoyo será preso en el lazo; porque yo traeré sobre él, sobre Moab, el año de su castigo, dice Jehová. Jeremías 48:41-44

Esta palabra produce espanto y temor al enemigo.

Tu actuar por medio de la Palabra en fe y las manifestaciones milagrosas de Dios espantan al hombre fuerte. Por eso, pídele al Espíritu Santo que se manifieste con milagros y maravillas. De esta manera se difundirá espanto y terror en el mundo de las tinieblas.

Entonces el rey Nabucodonosor se espantó, y se levantó apresuradamente y dijo a los de su consejo: ¿No echaron a tres varones atados dentro del fuego? Ellos respondieron al rey: es verdad, oh rey. Daniel 3:24

Sé que Jehová os ha dado esta tierra; porque el temor de vosotros ha caído sobre nosotros, y todos los moradores del país ya han desmayado por causa de vosotros.
Oyendo esto, ha desmayado nuestro corazón; ni ha quedado más aliento en hombre alguno por causa de vosotros, porque Jehová vuestro Dios es Dios arriba en los cielos y abajo en la tierra. Josué 2:9 y 11

Mirando Desde la Perspectiva Divina

Las ciudades antiguas se regían por un rey, un ejército leal y el pueblo. Para que el monarca tuviera poder sobre sus enemigos dependía, en muchas ocasiones, de los consejeros y adivinos que consultaban a sus dioses representados en ídolos. Entre más terror impartía a sus enemigos, más se fortalecía su reinado. Estos ídolos no eran simplemente estatuas hechas de material, pues detrás de cada una de ellas se movían espíritus demoníacos. En los tiempos del Antiguo Testamento eran llamados dioses.

Vemos esto claramente en la Palabra profética, refiriéndose a Babilonia, donde se hace juicio contra Bel y Merodac, los ídolos de Asiria.
Anunciad en las naciones, y haced saber; levantad también bandera, publicad, y no encubráis; decid: Tomada es Babilonia, Bel es confundido, deshecho es Merodac; destruidas son sus esculturas, quebrados son sus ídolos. Jeremías 50:2

Cuando, en la guerra, eran derribados los ídolos también se debilitaba el poder de los demonios.

Este ejemplo nos muestra la importancia que tiene el proclamar la Palabra de Dios tal como está escrita. En el tiempo presente, para confrontar a estos espíritus demoniacos, hay que ir a los lugares específicos como estrategia de guerra y hablarles a las imágenes de las grandes religiones para que los ejes de maldad se debiliten y caigan.

Cuando nos referimos al término *"reclamar mi ciudad para Cristo"*, nos estamos refiriendo a establecer la Palabra de Dios en nuestra comunidad y reclamar los habitantes para el Señor. Cuando hacemos esto, establecemos e instituimos la Palabra que dice en Ezequiel 18:74: *He aquí que todas las almas son mías.*

Cuando leemos la Palabra de Dios **en voz alta,** estamos estableciendo el "Reino de Dios" en el mundo espiritual. La Palabra misma, que es Espíritu y Verdad, se encarga de hacer retroceder a nuestros enemigos y desactivar todo plan contrario que fue establecido contra las almas.

Si tu ciudad tiene un índice alto de crimen, hay que atar al espíritu de muerte que es promocionado, la mayoría de las veces, por el espíritu de la masonería. Si ha habido muerte prematura es bien importante ir a los lugares específicos donde ocurrió el crimen o el accidente de automóvil y desalojar, en el nombre de Jesús, la potestad que ha dañado y manchado la tierra con sangre, proclamar la Palabra de Dios y activar la redención de Cristo sobre ese lugar. Si tu ciudad tiene un índice alto de abortos, (este espíritu es promocionado por el Satanismo). Si las cifras de divorcio son grandes, hay que derribar al espíritu de santería, brujería y vudú que trabajan contra los matrimonios.

De la misma forma hay que actuar si en tu territorio abunda la idolatría, atando el principado de Baal/dios sol que es consorte con la reina del cielo (Jeremías 7:18) y así con cada espíritu que se manifiesta en las diferentes ciudades.

Pasos importantes para tomar en cuenta:

- ➤ Declara la Palabra de Dios en voz alta; esto te hará sentir firme y agigantará tu fe. Tu mente y corazón se fortalecerán al oír las promesas divinas. Además, te quitará el miedo que puedas tener hacia el enemigo.
- ➤ Al usar la Palabra para declarar las promesas que Dios nos ha dado, establecerás en el mundo espiritual la Palabra profética de vida, justicia y verdad.

- ➤ La Palabra hablada hace temblar al enemigo porque le recuerda su futuro, que es su derrota al ser lanzado al lago de fuego y azufre.

> Al proclamarla oportunamente sin temor, es efectiva y poderosa para derrotarlo.

¡Decreta la Palabra de Dios sobre tú vida, familia, iglesia y ciudad! De esta manera, estarás destruyendo y debilitando el poder satánico sobre tú ciudad. Cristo venció al enemigo por medio de su muerte y resurrección. Por eso debes de creer que, si has sido bautizado en su muerte y resurrección, tienes la legalidad, en su nombre, de ser victorioso de todo ataque del enemigo.

Las almas le pertenecen a Cristo así como las naciones. Toda oración que hagas por tu ciudad no caerá al vacío, sino más bien traerá derrota para los enemigos de la iglesia.

Pero yo he puesto mi rey sobre Sión, mi santo monte. Yo publicaré el decreto; Jehová me ha dicho: Mi hijo eres tú; yo te engendré hoy. Pídeme, y te daré por herencia las naciones, y como posesión tuya los confines de la tierra. Los quebrantarás con vara de hierro; como vasija de alfarero los desmenuzarás. Salmos 2:6-9
Tomadas serán las ciudades y tomadas serán las fortalezas... Jeremías 48:41

Hay que tomar por fe las ciudades y esto se puede hacer de diferentes maneras, pero todas coinciden en lo mismo: proclamar la Palabra y profetizar sobre ella.

Recuerda esto: de la misma forma en que se regenera un alma perdida se regenera una ciudad.

Alguien tiene que ponerse en la brecha por tu ciudad, alguien tiene que gemir reclamándola para Cristo; alguien tiene que interceder, alguien tiene que caminar y proclamar la Palabra por sus calles. Desde el momento que hay un creyente en un lugar comienza a destellar luz celestial en medio de las tinieblas.

El ladrón no sólo robó las bendiciones dadas a los hombres, sino que también robó la gloria de las naciones.

El Poder de la Palabra Hablada

Nosotros, como valientes de Dios, debemos entender que al declarar la Palabra en voz alta:

- Nos hace sentir seguros en Dios.
- Nos quita el miedo hacia nuestro enemigo.

- Nuestra mente y corazón se fortalecen y nuestra fe es agigantada.
- Estimulamos la fe a quienes nos oyen.
- Estamos proclamando **vida** y alejamos de nuestra boca la necedad y la negatividad.
- Establecemos en el mundo espiritual la Palabra profética inspirada por Dios.
- Hacemos la guerra contra nuestros adversarios.

No tenemos que temer al proclamar la Palabra de Dios. ¡Hay que hablar sólo lo que edifica! ¡Memoricemos las promesas de Dios, y hablémoslas continuamente!

La Palabra de Dios es una espada de doble filo y tenemos que aprender a usarla; si lo hacemos, el enemigo sabe que no tiene poder en nuestra vida. Es un arma poderosa en la boca del creyente. El apóstol Juan tuvo una revelación acerca del Cristo de la Gloria. En su boca, vio una espada de dos filos. Eso significa que de la boca de Cristo sale la Palabra poderosa, viva y eficaz.

…de su boca salía una espada aguda de dos filos; y su rostro era como el sol cuando resplandece en su fuerza.
Apocalipsis 1:16

Esta espada también se convierte en un instrumento de guerra contra tus enemigos.

De su boca sale una espada aguda, para herir con ella a las naciones, y él las regirá con vara de hierro... Apocalipsis 19:15

Cerrando la Boca Maldiciente

Aconteció en el undécimo año, en el día primero del mes, que vino a mí palabra de Jehová, diciendo: Hijo de hombre, por cuanto dijo Tiro contra Jerusalén: Ea, bien; quebrantada está la que era puerta de las naciones; a mí se volvió; yo seré llena, y ella desierta... Ezequiel 26:1, 2

Vemos que la ira de Dios se enciende cuando el rey de Tiro, con soberbia y altivez, maldice a Jerusalén proclamando su derrota, esta-bleciendo sobre ella sequedad, soledad y quebrantamiento, diciendo que su estado sería desértico (esto nos habla de desolación).
En este pasaje se puede ver la arrogancia que tuvo el rey de Tiro contra la ciudad santa de Dios cuando expresó *"a mí se volvió"*. Lo que él estaba sintiendo cuando dijo esto era que la gloria que tenia Jerusalén ahora la tenia él, más esto no era cierto en el mundo espiritual. El rey de Tiro hizo

estas declaraciones para que se convirtieran en realidad y así estaba estableciendo (en el mundo espiritual) maldiciones habladas contra la ciudad santa. Dios nunca permitiría que el enemigo (en este caso el rey de Tiro) proclamase palabras de maldición y menos que se cumplieran contra lo conferido, ya que nunca saldría del corazón de Dios maldición contra su propia ciudad escogida.

Todo lo que no es proclamado por el consejo de Dios es mentira y falsedad. Dios se mueve en la verdad y sólo Él establece las cosas espirituales. Por eso, los hijos de Dios deben profetizar palabras de bendición sobre sus hijos, iglesia y nación, contrarrestando las palabras de maldición que por generaciones han sido establecidas.

Ten bien claro, que las declaraciones de los enemigos del pueblo de Dios son efectivas cuando no ha habido un verdadero arrepentimiento y la persona tiene pecados ocultos en su corazón. Estas maldiciones pueden ser palabras proferidas por alguien que tenga una boca maldiciente, ya que Satanás, por la boca de algún humano, puede tratar de maldecir. Estas maldiciones son vanas sobre un creyente que está bajo la sangre de Jesús y vive una vida de santidad. La verdadera maldición en el hombre es el pecado. Por eso, Jesús fue enviado para que fuéramos libres de esta maldición.

Dios mismo establece palabra de verdad y juicio contra la ciudad de Tiro. ¿Por qué en este caso dirige esta palabra hacia la ciudad y no hacia las personas? Porque la palabra establecida de maldición fue contra la ciudad de Jerusalén, por eso Jehová el Señor, levanta juicio contra la ciudad de Tiro.

Cuando el rey Balac, que gobernaba sobre los Moabitas, quiso maldecir a toda la nación de Israel, contrató a un profeta asalariado que se llamaba Balaam. Dios no permitió que Balaam usara su boca para maldecir a Israel. Recordemos que lo que Dios ha bendecido, Satanás **no puede maldecirlo.** El que es bendecido por Dios no puede recibir maldición por medio de la hechicería. Nuestra protección viene cuando andamos en rectitud delante de Dios. La maldición viene cuando escondemos ciertas áreas oscuras dentro de nosotros mismos.

¿Por qué maldeciré yo al que Dios no maldijo? ¿Y por qué he de execrar al que Jehová no ha execrado? Números 23:8

La traducción exacta del nombre Balaam es brujo. Consideremos eso seriamente. El que tiene dones de profecía o de intercesión de guerra no puede tener un corazón dual. Si es **asalariado** y si su corazón es fluctuante, amador del dinero, se pone en peligro de que un espíritu de error fácilmente domine su mente. Balaam fue un hechicero dentro del pueblo de Dios, pero Jehová no le dejó maldecir al pueblo de Israel.

Mas no quiso Jehová tu Dios oír a Balaam; y Jehová tu Dios te convirtió la maldición en bendición, porque Jehová tu Dios te amaba. Deuteronomio 23:5

De la misma forma Dios guardará tu vida en esta hora. Josué 13:22 llama en la escritura a Balaam el **adivino,** hijo de Beor. ¿Cómo es posible que dentro del pueblo de Dios exista esto?

Si estás interesado en conocer más del tema de la maldición y cómo se mueve dentro del pueblo de Dios, puedes adquirir el libro mencionado previamente *"Descubriendo a Belial en Medio de la Congregación de los Santos",* y estarás apercibido del ataque que Satanás está planificando contra la iglesia.

El Rey Toma las Naciones

Salmo 110

1 Jehová dijo a mi Señor: Siéntate a mi diestra, Hasta que ponga a tus enemigos por estrado de tus pies. 2 Jehová enviará desde Sion la vara de tu poder; Domina en medio de tus enemigos. 3 Tu pueblo se te ofrecerá voluntariamente en el día de tu poder, En la hermosura de la santidad. Desde el seno de la aurora Tienes tú el rocío de tu juventud. 4 Juró Jehová, y no se arrepentirá: Tú eres sacerdote para siempre Según el orden de Melquisedec. 5 El Señor está a tu diestra; Quebrantará a los reyes en el día de su ira. 6 Juzgará entre las naciones, Las llenará de cadáveres; Quebrantará las cabezas en muchas tierras. 7 Del arroyo beberá en el camino, Por lo cual levantará la cabeza.

El reclamar y tomar las naciones para el Rey Jesús es un acto de fe. En el día señalado, Jesucristo se sentará para reinar y juzgar con vara de justicia sobre la tierra.

El Rey está sentado, como dice el Salmo 110, a la diestra de Jehová hasta que Dios mismo ponga a sus pies a todos sus enemigos. Este Salmo revela a Jesucristo como Sacerdote eterno y el reino del mesías, mientras que en el Salmo 47, lo revela como el Rey que le dará a la iglesia el privilegio de reinar juntamente con Él.

Reinó Dios sobre las naciones; Se sentó Dios sobre su santo trono. Salmo 47:8

Cuando proclamamos sobre nuestra ciudad el reinado de Cristo, profetizando su Palabra, estamos estableciendo en el mundo espiritual que las almas correrán a Él. Los que se encuentran en prisiones oirán su llamado y los que están muertos en delitos y pecados tendrán que resucitar. Jesucristo vino para dar vida.

Toda persona que no ha nacido de nuevo está, espiritualmente hablando, muerta en sus delitos y pecados. Cuando se entiende esta verdad, se pone en práctica y se proclama sobre los huesos secos, tal como lo hizo el profeta (Ezequiel 37) y éstos tendrán que levantarse como un ejército de Dios.

Se acordarán, y se volverán a Jehová todos los confines de la tierra, y todas las familias de las naciones adorarán delante de ti. Porque de Jehová es el reino, y él regirá las naciones. Salmo 22:27, 28

Porque Jehová el Altísimo es temible; Rey grande sobre toda la tierra. Él someterá a los pueblos debajo de nosotros, y a las naciones debajo de nuestros pies. Salmo 47:2, 3

La acción de someter fue una orden de Dios dada a Israel. El someter es parte de la conquista y esta viene de la acción de guerra. Donde hay un reino hay dominio, y en el dominio se tiene que sujetar al enemigo.

La iglesia, como parte del reino de Dios (espiritual), avanza sobre la tierra tomando las almas que están en el reino de las tinieblas y las traslada al reino de la luz.
Dios está llamando a hombres y mujeres que bendigan sus ciudades y que se levanten en clamor por ellas para pedir perdón por sus pecados. De esa forma se debilitará la obra infructuosa de las tinieblas.

Salmo 2

Cuando leemos el Salmo 2, que por cierto es profético, revela que las naciones volverán un día a reconocer al único Rey, Jesús, como Señor y Dios. Las naciones le pertenecen y un día esto será realidad. ¡Reclama tu ciudad para el verdadero Rey!

Si tú eres un intercesor activo reclama este Salmo para el Señor, por cierto el día que se cumpla esta profecía, se te hará notorio que tus oraciones y clamor no han sido en vano.

1 ¿Por qué se amotinan las gentes, Y los pueblos piensan cosas vanas? 2 Se levantarán los reyes de la tierra, Y príncipes consultarán unidos Contra Jehová y contra su ungido, diciendo: 3 Rompamos sus ligaduras, Y echemos de nosotros sus cuerdas. 4 El que mora en los cielos se reirá; El Señor se burlará de ellos. 5 Luego hablará a ellos en su furor, Y los turbará con su ira. 6 Pero yo he puesto mi rey Sobre Sion, mi santo monte. 7 Yo publicaré el decreto; Jehová me ha dicho: Mi hijo eres tú; Yo te engendré hoy. 8 Pídeme, y te daré por herencia las naciones, Y como posesión tuya los confines de la tierra. 9 Los quebrantarás con vara de hierro; Como vasija de alfarero los desmenuzarás. 10 Ahora, pues, oh reyes, sed prudentes; Admitid amonestación, jueces de la tierra. 11 Servid a Jehová con temor, Y alegraos con temblor. 12 Honrad al Hijo, para que no se enoje, y perezcáis en el camino; Pues se inflama de pronto su ira. Bienaventurados todos los que en él confían. Salmo 2

Lidia Zapico

9

Como Salir a Guerrear por la Ciudad

Lidia Zapico

Considerándome a Mí Mismo

Antes de hacer guerra por la ciudad, organizar caminatas o salir a las calles a orar, hay que analizar unos puntos muy importantes.

- ➢ Haber sido llamado de parte de Dios para hacer esta tarea, y estar bautizado en el Espíritu Santo.
- ➢ Es necesario que todo guerrero espiritual haya sido adiestrado anteriormente en el área de la intercesión.
- ➢ Es importante contar siempre con el líder colocado por el Pastor de la congregación local.
- ➢ Asegúrate de haberte arrepentido de todos tus pecados, antes de hacer cualquier nivel de guerra.
- ➢ Cubre tu vida, tus finanzas, tus familiares y todas tus pertenencias con la sangre de Jesucristo.

Tú, como persona, debes llevar una vida de oración para que toda debilidad personal (egoísmo, orgullo, celos, falta de perdón, etcétera), sea cubierta por la sangre de Jesús, y seas libre de todos estos sentimientos o espíritus que se encuentran oprimiéndote. Es trascendental que analices tu corazón y te examines, para ver si guardas rencor o raíz de amargura hacia alguna persona; pues, de esa forma, estarás cerrando puertas al enemigo. Si sabes que has sido rechazado en algún área de tu vida y todavía no has podido superar eso, habla con tu líder para que seas ministrado en esa área.

> ➢ Tu mente tiene que estar firme basada en el enfoque de la victoria total que se tiene por medio de Cristo.

Hijitos, vosotros sois de Dios, y los habéis vencido; porque mayor es el que está en vosotros, que el que está en el mundo. 1 Juan 4:4
Antes, en todas estas cosas somos más que vencedores por medio de aquel que nos amó. Romanos 8:37

No hagas guerra por tu ciudad ni salgas a reclamarla si:

> ➢ Tienes duda o temor.

- ➢ Guardas pecados no confesados.
- ➢ No has orado lo suficiente ni ayunado preparándote con las escrituras específicas.
- ➢ No comprendes la profundidad de la guerra espiritual.
- ➢ Lo quieres hacer por tu cuenta o por competencia.

Pasos a Tomar Para el Grupo de Intercesión de Guerra.

- ➢ Ora para recibir la guía de Dios para tener una clara estrategia para la guerra. Eso requerirá el reunirse anticipadamente con el grupo de intercesores para planificar y sacar el suficiente tiempo para orar.

- ➢ Obtén un mapa geográfico de tu ciudad para identificarte y orar por ella. Marca los bordes limítrofes y analiza por medio del Espíritu de Dios, las puertas de la ciudad. Con un mapa en mano, pídele al Espíritu Santo que te muestre cuáles son los propósitos y bendiciones de Dios para esa área. Ve a la biblioteca e infórmate de la historia del sector o la ciudad donde vives.

➢ Infórmate cuáles fueron las maldiciones sembradas (logias, asesinatos, suicidios, numerosos accidentes de tráfico, brujería, satanismo, humanismo, nueva era, intercambio de esclavos, persecuciones, masacres, abortos, homosexualidad, droga, movimiento gótico en medio de los jóvenes, entre otros).

➢ Estudia acerca de los fundadores, cuáles fueron sus metas y propósitos. Investiga lo ocurrido con los nativos de la zona y su destino.

Organizando la Caminata Para Reclamar el Territorio

a) Reúnete en un lugar específico con los intercesores.
b) Unan sus ideas y corazones acerca del recorrido específico que van a hacer.
c) Pídanle al Señor que les revele a cada uno de los guerreros los pecados que se cometieron allí.
d) Confiesen y arrepiéntanse (en voz alta) por los pecados de la ciudad.

e) Exalten al Señor con adoración y cánticos de victoria declarando la victoria de la sangre de Jesús sobre toda obra del enemigo. Lean el Salmo 149:6-9.

f) No se olvide cuando estén listos para salir de llevar aceite para ungir, y los textos que se proclamaran sobre la tierra.

32 Dios es el que me ciñe de poder, Y quien hace perfecto mi camino; 33 Quien hace mis pies como de ciervas, Y me hace estar firme sobre mis alturas; 34 Quien adiestra mis manos para la batalla, Para entesar con mis brazos el arco de bronce. 35 Me diste asimismo el escudo de tu salvación; Tu diestra me sustentó, Y tu benignidad me ha engrandecido. 36 Ensanchaste mis pasos debajo de mí, Y mis pies no han resbalado. 37 Perseguí a mis enemigos, y los alcancé, Y no volví hasta acabarlos. 38 Los herí de modo que no se levantasen; Cayeron debajo de mis pies. 39 Pues me ceñiste de fuerzas para la pelea; Has humillado a mis enemigos debajo de mí. Salmo 18:32-39

Cuando se encuentren en el lugar, empiecen a caminar sobre el área, adorando al Señor y proclamando la Palabra de Dios.

- Pidan al Señor que envíe sus ángeles protectores para que vayan abriendo camino delante del grupo.
- Unjan la tierra como hizo Jacob en Génesis 28.18, 19.
- Proclamen, en el ámbito espiritual, que Satanás y los demonios no tienen parte en esa tierra diciendo:

Somos oficiales del ejército de Dios y estamos aquí para ejecutar lo que Dios originalmente decretó sobre esta tierra. Declaramos este territorio tierra santa de Dios, porque está escrito:

...todo lo que pisare la planta de vuestro pie será vuestro.... Deuteronomio 11:24

- Dividan el reino de Satanás y debiliten el poder de rebelión y orgullo, los cuales fueron la causa de que el maligno cometiera la insurrección entre los ángeles de Dios.

Si se logra dividir su reino, éste se debilitará, ya que un reino dividido no puede permanecer (*Mateo 12:25*). Cuando se ata al hombre fuerte (guardián del botín), los demonios menores serán confundidos.

De acuerdo a cómo el Espíritu de Dios dirija, profeticen vida y bendición sobre la tierra. Terminen dando gracias a Dios y alábenle porque Él es el que da el poder y la autoridad para derribar las fortalezas de Satanás.

...porque las armas de nuestra milicia no son carnales, sino poderosas en Dios para la destrucción de fortalezas... 2 Corintios 10:4

Lidia Zapico

10

Proclamación a Favor de las Ciudades y las Almas Cautivas

Lidia Zapico

El Hijo de Dios descendió al infierno para tomar cautiva la cautividad, a fin de hacer libre a los hombres. Cada vez que se proclama esta Palabra de liberación sobre las almas cautivas, se está realizando un acto de fe honrando al único libertador, Jesucristo. Su misión fue abrirles las puertas de las prisiones y sacarlos de la cárcel. Por esto se reclama estas promesas escritas en la palabra, porque ya Jesucristo vino y rompió las cadenas para dar libertad a los cautivos.

Declarar su voluntad, es establecer su verdad profética en el mundo espiritual.

Esta acción poderosa de liberación nos inspira a orar la Palabra con decisión, tal como está escrita.
Los siguientes textos son para ser proclamados en voz alta, (creyendo con todo el corazón, que el Señor escucha y contesta el clamor). Hazlo con certeza sabiendo que ya se pago el precio por ellos para que salieran y fueran libres de toda opresión. Así como la ciudad; los familiares y todos los hijos pródigos.

Declaración de la Palabra sobre la Ciudad

***Nota**: Cuando encuentre la línea en blanco escriba o pronuncie el nombre de su ciudad o la persona por la cual esta orando

Reedificarán las ruinas antiguas, y levantarán los asolamientos primeros, y restaurarán las ciudades arruinadas, los escombros de muchas generaciones. Isaías 61:4

Oración a favor de las almas y por la ciudad

Isaías 61:1-4
Confieso que el Espíritu de Dios el Señor esta sobre Jesucristo porque lo ungió el padre para predicar las buenas nuevas a los abatidos, a vendar a los quebrantados de corazón, a publicar libertad a los cautivos, y a los presos apertura de la cárcel… a ordenar sobre *_____ que se les dé gloria en lugar de ceniza, óleo de gozo en lugar de luto, manto de alegría en lugar del espíritu angustiado; y serán llamados árboles de justicia, plantío de Jehová, para gloria suya.

Efesios 4:8
El hijo de Dios ascendió victorioso a los cielos llevando captura la cautividad que tenia

*_____ y lo hace libre por su muerte en la cruz.

Isaías 28:14-23

Por tanto, varones burladores que gobernáis a este pueblo que está en *_____ *oíd la palabra de Jehová. Por cuanto habéis dicho: pacto tenemos hecho con la muerte, e hicimos convenio con el Seol; Por cuanto habéis dicho: cuando pase el turbión del azote, no llegará a nosotros, porque hemos puesto nuestro refugio en la mentira, y en la falsedad nos esconderemos; por tanto, Jehová el Señor dice así: He aquí que Yo he puesto en Sion por fundamento una piedra, piedra probada, angular, preciosa, de cimiento estable; el que creyere, no se apresure. Y ajustaré el juicio a cordel, y a nivel la justicia; y granizo barrerá el refugio de la mentira* (de la masonería, de la discriminación étnica y racial, Nueva Era, cartomancia, quiromancia, astrología, huma-nismo, darwinismo, magia blanca, magia negra, hechicería, brujería, palería santería vudú)... *y aguas arrollarán el escondrijo. Y será vuestro pacto con la muerte, y vuestro convenio con el Seol no será firme; cuando pase el* **turbión del azote,** (sobre ti, reino de las tinieblas que gobernáis en) *_____ *seréis pisoteados* (por Jehová Sebaot, El Todopoderoso). *Luego que comience a pasar* (el turbión del azote) *Jehová os arrebatará, porque de* *mañana en mañana pasará, de día y de noche; y será ciertamente espanto el entender lo oído* (para el reino de las tinieblas que gobiernan en *_____). Porque Jehová se levantará como en el monte Perazim,* (2 Samuel 5.20, derrota a los filisteos) *como en el valle de Gabaón.* (Josué 10.10-12, derrota de los amorreos). *Se enojará para hacer su obra, su extraña obra, y para hacer su operación, su extraña operación.*

Ahora, pues, no os burléis (reino de las tinieblas sobre *_____ para que no se aprieten más vuestras ataduras; porque destrucción ya determinada sobre toda la tierra he oído del Señor, Jehová de los Ejércitos. Estad atentos, y oíd nuestra voz; atended, y oíd nuestro dicho.*

Isaías 24.17-19
Terror, foso y red sobre ti, oh morador de las tinieblas sobre *_____
Y acontecerá que el que huyere de la voz del terror caerá en el foso; y el que saliere de en medio del foso será preso en la red; porque de lo alto se abrirán ventanas, y temblarán los cimientos de la tierra. Será quebrantado del todo el reino de las tinieblas sobre* *_____ enteramente desmenuzado será el reino de las tinieblas sobre esta ciudad, en gran manera*

será conmovido el reino de las tinieblas sobre
*_____.

Jeremías 48.41-44

Tomadas serán las ciudades, y tomadas serán las fortalezas; y será aquel día el corazón de los valientes de Moab como el corazón de mujer en angustias. (Proclamo que la activación de las potestades de las tinieblas que gobiernan la ciudad de*_____ y el hombre fuerte queda paralizado y es inoperante su maldad sobre la Iglesia)

Y el reino de las tinieblas sobre *_____ será destruido hasta dejar de ser pueblo, porque se engrandeció contra Jehová.

Miedo y hoyo y lazo contra ti, oh morador de Moab dice Jehová. El que huyere del miedo caerá en el hoyo, y el que saliere del hoyo será preso en el lazo; porque yo traeré sobre él, sobre Moab, el año de su castigo, dice Jehová.

Salmos 9.15, 16

Se hunde el reino de las tinieblas que está sobre*_____ en el hoyo que hicieron; en la red que escondieron será tomado su pie. ...en la obra de sus manos, serán enlazados los malos del reino de las tinieblas.

Mateo 15.13, 14
Toda planta que no plantó nuestro Padre celestial, será desarraigada de*_____ Dejadlos; son ciegos guías de ciegos, y si el ciego guiare al ciego, ambos caerán en el hoyo.

Deuteronomio 29.28
Y Jehová desarraiga hoy a los moradores del reino de las tinieblas de su tierra de *_____ con ira, con furor y con grande indignación, y los arroja a otra tierra, como hoy veremos.

2 Crónicas 20.22-24
Y cuando comenzaron a entonar cantos de alabanza, Jehová puso contra los hijos de Amón, de Moab y del monte de Seir, las emboscadas de ellos mismos que venían contra Judá, y se mataron los unos a los otros. Porque los hijos de Amón y Moab se levantaron contra los del monte de Seir para matarlos y destruirlos; y cuando hubieron acabado con los del monte de Seir, cada cual ayudó a la destrucción de su compañero. Y luego

que vino Judá a la torre del desierto, miraron hacia la multitud, y he aquí yacían ellos en tierra muertos, pues ninguno había escapado.

"He aquí Jehová pone a pelearse unos contra otros y se confunde el reino de las tinieblas que está en *_____ caen en las emboscadas que ellos mismos cavaron. Porque han venido contra la iglesia para que ninguno de ellos escape.

Salmo 9:5-11
Reprendiste a las naciones, destruiste al malo, Borraste el nombre de ellos eternamente y para siempre. Los enemigos han perecido; han quedado desolados para siempre; Y las ciudades que derribaste, Su memoria pereció con ellas. Pero Jehová permanecerá para siempre; Ha dispuesto su trono para juicio. El juzgará al mundo con justicia, Y a los pueblos con rectitud. Jehová será refugio del pobre, Refugio para el tiempo de angustia. En ti confiarán los que conocen tu nombre, Por cuanto tú, oh Jehová, no desamparaste a los que te buscaron. Cantad a Jehová, que habita en Sion; Publicad entre los pueblos sus obras.

Salmo 22:27-31
Se acordarán, y se volverán a Jehová todos los confines de la tierra, Y todas las familias de las naciones adorarán

delante de ti. Porque de Jehová es el reino, Y él regirá las naciones. Comerán y adorarán todos los poderosos de la tierra; Se postrarán delante de él todos los que descienden al polvo, Aun el que no puede conservar la vida a su propia alma. La posteridad le servirá; Esto será contado de Jehová hasta la postrera generación.
Vendrán, y anunciarán su justicia; A pueblo no nacido aún, anunciarán que él hizo esto.

Salmo 33:10-12
Jehová hace nulo el consejo de las naciones, Y frustra las maquinaciones de los pueblos. El consejo de Jehová permanecerá para siempre; Los pensamientos de su corazón por todas las generaciones. Bienaventurada la nación cuyo Dios es Jehová, El pueblo que él escogió como heredad para sí.

Salmo 46:6-11
Bramaron las naciones, titubearon los reinos; Dio él su voz, se derritió la tierra. Jehová de los ejércitos está con nosotros; Nuestro refugio es el Dios de Jacob. Selah Venid, ved las obras de Jehová, Que ha puesto asolamientos en la tierra. 9 Que hace cesar las guerras hasta los fines de la tierra. Que quiebra el arco, corta la lanza, Y quema los carros en el fuego. Estad quietos, y conoced que yo soy Dios; Seré exaltado entre las

naciones enaltecido seré en la tierra. En
*_____ Jehová de los ejércitos está con nosotros.

Salmo 47:3-9

El someterá a los pueblos debajo de nosotros, Y a las naciones debajo de nuestros pies. El nos elegirá nuestras heredades; La hermosura de Jacob, al cual amó. Selah Subió Dios con júbilo, Jehová con sonido de trompeta.
Cantad a Dios, cantad; Cantad a nuestro Rey, cantad; Porque Dios es el Rey de toda la tierra; Cantad con inteligencia.
Reinó Dios sobre las naciones; Se sentó Dios sobre su santo trono. Los príncipes de los pueblos se reunieron Como pueblo del Dios de Abraham; Porque de Dios son los escudos de la tierra; El es muy exaltado.

Salmo 67:2-7

*Para que sea conocido en *_____ tu camino, En todas las naciones tu salvación. Te alaben (en) *_____oh Dios; Todos los pueblos te alaben. Alégrense y gócense las naciones, Porque juzgarás los pueblos con equidad, Y pastorearás las naciones en la tierra. Selah Te alaben los pueblos, oh Dios; Todos los pueblos te alaben. La tierra dará su fruto; Nos bendecirá Dios, el Dios nuestro. Bendíganos Dios, Y témanlo todos los términos de la tierra.*

Salmo 72:11
Todos los reyes se postrarán delante de él; Todas las naciones *_____ le servirán.

Salmo 82:8
Levántate, oh Dios, juzga la tierra; Porque tú heredarás todas las naciones. ¡Reclamo mi ciudad para Cristo!

Salmo 149
... Exalten a Dios con sus gargantas, y espadas de dos filos en sus manos, para ejecutar venganza entre las naciones, y castigo al reino de las tinieblas y bendición a los pueblos; para aprisionar a sus reyes con grillos, y a sus nobles con cadenas de hierro en el reino de las tinieblas sobre *_____ (nombrar la ciudad); *para ejecutar en ellos el juicio decretado; gloria será esto para todos sus santos. Aleluya.*

Isaías 42:6, 7
Yo Jehová te he llamado en justicia, y te sostendré por la mano; te guardaré y te pondré por pacto al pueblo, por luz a las naciones, para que abras los ojos de los ciegos, para que saques de la cárcel a los presos, y de casas de prisión a los que moran en tinieblas.

Isaías 51:14
El preso agobiado será libertado pronto; no morirá en la mazmorra, ni le faltará su pan.

Efesios 4: 7-10
Pero a cada uno de nosotros fue dada la gracia conforme a la medida del don de Cristo. Por lo cual dice: Subiendo a lo alto, llevó cautiva la cautividad, Y dio dones a los hombres. Y eso de que subió, ¿qué es, sino que también había descendido primero a las partes más bajas de la tierra? El que descendió, es el mismo que también subió por encima de todos los cielos para llenarlo todo.

Salmos 35:17
Señor, ¿hasta cuándo verás esto? Rescata (el alma de) **_____ de sus destrucciones, las vidas de los leones.*

Salmos 142:7
Saca las almas de los moradores (los hijos pródigos) **_____ de la cárcel, para que alaben tu nombre; nos rodearán los justos, porque tú me serás propicio.*

Salmos 40:1
Pacientemente esperamos a Jehová, y se inclinó a nosotros, y oyó nuestro clamor. Hizo sacar del pozo de la desesperación, del lodo cenagoso a las almas. Jehová pone los pies de mis familiares e hijos pródigos sobre peña y endereza sus pasos.

Isaías 49:8-12
*En tiempo aceptable te oí, en el día de salvación te ayudé y te guardaré y te daré por pacto al pueblo, para que restaures la tierra, para que heredes asoladas heredades. Para que digas a los presos: salid; y a los que están en tinieblas: mostraos. En los caminos, serán apacentados, y en todas las alturas tendrán sus pastos. No tendrán hambre ni sed, ni el calor ni el sol los afligirá porque el que tiene de ellos misericordia los guiará y los conducirá a manantiales de aguas. Y convertiré en camino todos nuestros montes y nuestras calzadas serán levantadas. He aquí éstos vendrán de lejos; y he aquí estos del norte y del occidente y estos de la tierra de **_____

Isaías 49
13 Cantad alabanzas, oh cielos, y alégrate, tierra; y prorrumpid en alabanzas, oh montes; porque Jehová ha consolado a su pueblo, y de sus pobres tendrá misericordia.

19 Porque tu tierra devastada, arruinada y desierta, ahora será estrecha por la multitud de los moradores, y tus destruidores serán apartados lejos.
24 ¿Será quitado el botín al valiente? ¿Será rescatado el cautivo de un tirano? 25 Pero así dice Jehová: Ciertamente el cautivo será rescatado del valiente, y el botín será arrebatado al tirano; y tu pleito yo lo defenderé, y yo salvaré a tus hijos.

Salmos 76:5, 6
Los fuertes de corazón fueron despojados, durmieron su sueño; no hizo uso de sus manos ninguno de los varones fuertes.

Salmos 5:6-12
6 Destruirás a los que hablan mentira; al hombre sanguinario, y engañador abominará Jehová. 7 Mas yo, por la abundancia de tu misericordia, entraré en tu casa; adoraré hacia tu santo templo en tu temor. 8 Guíame, Jehová, en tu justicia, a causa de mis enemigos; endereza delante de mí tu camino... 11 Pero alégrense todos los que en ti confían; den voces de júbilo para siempre, porque tú los defiendes; en ti se regocijen los que aman tu nombre. 12 Porque tú, oh Jehová, bendecirás al justo; como con un escudo lo rodearás de tu favor.

Salmos 143:12
Y por tu misericordia disiparás a mis enemigos, y destruirás a todos los adversarios de mi alma, porque yo soy tu siervo.

Alzamos voz profética y proclamamos al hombre fuerte de destrucción y venganza que quiera venir contra mis hijos, esposo (a) que es ahora paralizado y confundido en el nombre de Jesús de Nazaret. Reprendo y anulo toda intención del enemigo que quiera levantarse contra mi propiedad. Reprendo cualquier ataque de las tinieblas. Ahora mismo estos enemigos son despojados, y los hacemos dormir en su sueño; no hacen uso de sus manos ninguno de los varones fuertes, conforme está escrito en la Palabra de Dios. Destruimos al que habla mentira.

Desbaratamos los planes del hombre san-guinario y engañador, lo confundimos y lo avergonzamos en el nombre de Jehová de los Ejércitos.

Almas que moran en casas de prisiones de tinieblas, ¡SALID! Almas que moran en prisiones de sombra de muerte, ¡MOSTRAOS!

¡Levántate! esforzado(a) y valiente, y esta-blece el propósito del Señor Jesucristo en tu vida, casa, iglesia y ciudad. Toma la autoridad que Dios ya te ha dado en la muerte y resurrección de Jesucristo el hijo de Dios. ¡Dios te bendiga!

Lidia Zapico

Bibliografía

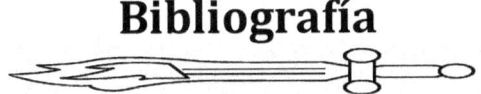

Biblia de Estudio Arco Iris. Versión Reina Valera, revisión1960. Coypyright © 1995, Broadman & Holman Publishers, Nashville, Tennessee. ISBN: 1-55819-555-6

Biblia Plenitud. 1960 Reina-Valera Revisión, ISBN: 089922279X, Editorial Caribe, Miami, Florida.

Blue Letter Bible Institute (www.blueletterbible.org)

Vine, W.E. *Diccionario Expositivo de las Palabras del Antiguo Testamento y Nuevo Testamento.* Editorial Caribe, Inc./División Thomas Nelson, Inc., Nashville, TN, ISBN: 0-89922-495-4, 1999.

Antiguo Testamento INTERLINEAL Hebreo-Español. Editorial CLIE. Galvani 11308224 Terrassa (Barcelona) España

Nuevo Diccionario Bíblico – Certeza Unida

La Biblia TLA *Sociedades Bíblicas Unidas*

Lidia Zapico

www.ingramcontent.com/pod-product-compliance
Lightning Source LLC
Chambersburg PA
CBHW060509100426
42743CB00009B/1264